全面从严治党与浙江实践 研究文丛　浙江省"十四五"重点图书出版物出版规划

张树华　徐　彬◎主编

INNOVATIVE PRACTICES OF ZHEJIANG PROVINCE

大流动时代 从理念创新

城市党建调适 到组织创新

陈洁琼◎著

浙江工商大学出版社 | 杭州

图书在版编目（CIP）数据

大流动时代城市党建调适：从理念创新到组织创新 /
陈洁琼著 . — 杭州：浙江工商大学出版社，2023.8
（"全面从严治党与浙江实践"研究文丛 / 张树华，
徐彬主编）
ISBN 978-7-5178-5403-6

Ⅰ . ①大… Ⅱ . ①陈… Ⅲ . ①中国共产党—基层组织
—党的建设—研究 Ⅳ . ① D267

中国国家版本馆 CIP 数据核字（2023）第 061994 号

大流动时代城市党建调适：从理念创新到组织创新

DA LIUDONG SHIDAI CHENGSHI DANGJIAN TIAOSHI: CONG LINIAN CHUANGXIN DAO
ZUZHI CHUANGXIN

陈洁琼 著

出 品 人	郑英龙
策划编辑	任晓燕
责任编辑	刘志远　熊静文
责任校对	何小玲
封面设计	屈　皓
责任印制	包建辉
出版发行	浙江工商大学出版社
	（杭州市教工路 198 号　邮政编码 310012）
	（E-mail：zjgsupress@163.com）
	（网址：http://www.zjgsupress.com）
	电话：0571-88904980，88831806（传真）
排　　版	杭州彩地电脑图文有限公司
印　　刷	杭州高腾印务有限公司
开　　本	880 mm × 1230 mm　1/32
印　　张	7.875
字　　数	197 千
版 印 次	2023 年 8 月第 1 版　2023 年 8 月第 1 次印刷
书　　号	ISBN 978-7-5178-5403-6
定　　价	68.00 元

总　序

　　2020 年初,习近平总书记赋予浙江"努力成为新时代全面展示中国特色社会主义制度优越性的重要窗口"的新目标新定位,这是浙江改革发展史上具有里程碑意义的大事。这个里程碑意义体现在两个层面:在省级层面,"重要窗口"的提出是对浙江这些年实践创新成效的肯定,是对浙江广大干部群众大胆开拓、务实肯干精神的肯定;但"重要窗口"还有更高层次的意义,那就是由浙江首创的许多制度和举措,是全国层面共性问题的浙江答案,是可以逐步推广到其他地区的成功经验,是新时代全面展示中国特色社会主义制度优越性的具体内容和建设路径。

　　作为中国革命红船启航地,浙江在推进全面从严治党实践中始终模范传承着中国特色社会主义的红色基因;作为改革开放先行地,浙江在制度和机制改革方面勇于创新,以生动的实践创造了异常丰富的研究资源;作为习近平新时代中国特色社会主义思想重要萌发地,诸多"浙江先发"实践在新时代拓展为全国层面的"顶层设计"。党的十八大以来,如何在新时代推进全面从严治党受到了广泛关注,相关论著大量涌现;与此同时,浙江作为中国革命红船启航地、改革开放先行地、习近平新时代中国特色社会主义思想重要萌发地的特殊地位,也引起浙江学界乃至全国研究者的关注。不少论著对浙江推进党的建设和制度创新的历史资源、现实做法及其理论启示,进行了较为深入的挖掘和总结。不过,总体上看,从全面从严治党的特定视角对浙江创新实践进行考察和研究，仍然存在限于具体领域而系统性和全面性不够，以及面向专业学者的理论性与面向普通读者的可读性上统筹兼顾不够等突出问题。这种研究和出版状况，相对于浙江作为"三个地"的特殊地位以及浙江打造"全面展示中国特色社会主义制度优越性重要窗口"的新实践，是相对滞后的。

"三个地"的特殊地位使浙江成为从省域层面阐释中国制度和研究新时期全面从严治党相关问题的理想立足点，也为本丛书沿着"浙江案例—中国方案—全面从严治党的经验与逻辑"路径开展学理研究提供了广阔空间。而从相关领域的实践进程及研究动态看，推动党的建设重心下移，全面发挥党在地方治理现代化中的引领作用，已经成为进一步深化全面从严治党，推动地方治理现代化的重要内容和主要方法。本丛书正是顺应这一研究和实践趋势，紧紧抓住全面从严治党和治理创新实践两个关键命题，系统全面地回答了"浙江为什么会产生这么多制度创新？""'浙江创新实践'为什么能解决全国层面的共性问题？""浙江的成功经验能不能复制，如何复制？"等一系列理论和现实问题。

本丛书由浙江省委党校全面从严治党研究中心组织，编委成员主要包括中国社科院政治学所和浙江省委党校的相关专业人员，并邀请了一批持续跟踪浙江实践，具备政治学、管理学、社会学等学科专业知识的中青年学者参与写作。本丛书以基层党建、政府职能、数字政府、社会治理、协商民主、人大建设等为研究角度，全面、系统地为读者解答了最多跑一次、党建引领基层治理、后陈经验、河长制、民生项目票决制、非公企业党建、毗邻党建等浙江经验的发展历程，以及这些经验背后的作用机制。

编　者
2021 年 6 月

前　言

　　城市治理是国家治理的重要领域，也是我们党工作的重要阵地。党的十八届三中全会将国家治理体系和治理能力的现代化作为深化改革的总目标，城市基层治理体系和治理能力的现代化是其重要组成部分。城市基层党组织处于基层治理的核心，其引领的有效性直接决定着城市基层治理的有效性。改革开放以来，城市基层党建在城市基层治理中发挥着重要的作用，但是随着经济社会结构的深刻变化，也面临着一系列的挑战。

　　自 20 世纪 80 年代以来，随着计划经济体制向市场经济体制转型，人口大量向城市集聚。有学者甚至认为，中国当前已进入了超级流动的社会。①国家卫健委发布的 2018 年《中国流动人口发展报告》数据显示，1982 年的流动人口规模为 660 万人，到了2017 年，全国流动人口高达 24450 万人，增长了 36 倍；同时，城镇人口占比也从 1982 年的 21.1%，增长到 2017 年的 58.5%，相当于每 6 人中就有 1 个是流动人口。社会的高流动性增强了社会治理的复杂性和不确定性，当前社会治理的诸多问题伴随着流动性而产生，因此，从某种意义上说，"有效治理流动性就是社会治理的关键所在"②。具体而言，大流动时代带来的挑战主要表

----

　　① 项飙：《"流动性聚集"和"陀螺式经济"假说：通过"非典"和新冠肺炎疫情看中国社会的变化》，《开放时代》2020 年第 3 期。

　　② 洪大用：《社会治理的关键是治理流动性》，《社会治理》2017 年第 6 期。

现为三个层面的失衡：一是城市治理中的社会结构失衡。随着经济体制的转型，社会结构产生了深刻变化。从个体层面看，社会阶层分化和固化并存，社会成员的多元化和原子化并存；从组织层面看，新兴的社会组织与私人企业的发展壮大都松动了原有的社会结构。这两方面的变化不断冲击着原有的单位化管理体制，并逐渐导致单位制因难以适应流动人口的挑战而解体。二是城市治理中的组织功能失调。主要表现为三组矛盾：（一）城市人口数量的庞大与基层治理能力相对薄弱之间的矛盾。一方面，流动人口大规模涌入城市，给城市的承载能力和治理能力带来了巨大的压力；另一方面，来自五湖四海的陌生人会集在一起容易产生价值观及利益上的差异与分歧，从而导致多元利益难以协调，并使得这一问题趋于普遍化。（二）城市治理多元化需求与基层组织服务内容相对单一之间的矛盾。随着人们物质生活的日益丰富，社会成员对基层服务和治理提出了更高的要求，那么，社会成员对于高质量城市生活的要求与基层组织治理能力不足之间的矛盾又会更加凸显。（三）虚拟社区迅猛发展与基层组织信息化发展相对滞后之间的矛盾。互联网在舆论传播、民意传递和宣传动员等方面具有多重优势，如果基层组织不能很好地适应这种新载体，将会在基层治理中处处受限，从而出现功能失调的问题。三是城市治理中的组织结构失序。城市基层党组织的弱化以及基层党员意识的淡化等现象都不同程度地削弱了基层党组织的社会整合功能，限制了基层党组织战斗堡垒作用的发挥。这些现象不同程度地挑战着现有的城市基层治理，这要求基层党组织要不断适应新形势新变化，不断提升自身的治理能力。大流动时代党建如何引领城市基层治理成为一个迫切需要回应的现实问题。

党的十九大报告中提出我国经济发展进入了新时代，中国经济由高速增长阶段转向高质量发展阶段。党的十九大报告又指出，目前我们已经步入了中国特色社会主义新时代，这标志着"我国社会主要矛盾已经转化为人民日益增长的美好生活需要和不平衡不充分的发展之间的矛盾"。这意味着我们正面临着经济和社会双重高质量发展的转型。因而，对于城市基层治理而言，我们党需要适应当前的新形势新变化，以高质量的城市基层党建推进城市高质量发展作为一种重要的发展方向。党的十九大报告中提出，"打造共建共治共享的社会治理格局"，"完善党委领导、政府负责、社会协同、公众参与、法治保障的社会治理体制，提高社会治理社会化、法治化、智能化、专业化水平"，这明确指出了基层党组织引领社会多元力量参与治理的总体方向，又提出了提升"四个化"的明确目标。但是，这些方向性、原则性的中央文件如何落到现实场景中，则需要回归到基层实践。

本书立足城市基层党建的实践探索，试图对基层党组织在城市基层治理中的功能定位、理念创新、组织创新、制度创新等维度做出系统分析，并对大流动时代城市基层党建如何引领基层治理的理论问题做出回应。

浙江省是党建引领城市基层治理创新的活跃省份，近年来浙江各地涌现出大量的创新案例。鲜活的案例有助于阅读者加深对党建相关基础理论的理解。本书挑选了近年来浙江省各地获得"全国城市基层党建创新案例"的七个典型案例作为样本，展现党建引领城市基层治理的生动实践。

浙江作为经济较为发达的沿海省份，城市流动人口集聚效应所带来的系列基层治理问题较为集中。这也倒逼浙江省在党建引领基层治理创新实践上走在全国前列。此外，浙江省城市基层党建作为"重要窗口"建设的重要方面，近年来一些创新做法更是快速迭代推进。因此，本书在浙江省党建引领城市基层治理的实践经验基础上，凝练观点，试图回应党建在城市基层治理新形势下何以可为、何以作为，并也为其他地方的城市基层治理提供参考和借鉴。

目　录

第一章

大流动时代

党建在城市基层治理中的新形势

改革开放以来，随着市场化、城市化和工业化的交织演进，规模巨大的流动人口不断向城市集聚，给城市基层治理带来了前所未有的挑战。单位制的式微、社会结构的变迁、"两新"组织的兴起以及信息技术的发展等一系列外部环境的动态交互，对当前城市基层党组织引领基层有效治理形成了一定的冲击和影响，如在城市治理中不同程度出现基层党组织功能失衡和组织结构失序等现象。精准研判当前城市基层党建所面临的新形势是基层党组织调适自身行为以应对外部环境复杂变化的前提基础。本部分重点阐释当前城市基层党建所面临的新形势和新挑战。

第一节　城市治理中的社会结构失衡

随着城市的不断扩张发展，人员流动日益广泛，社会结构也不断从单一走向多元。尤其是改革开放以来，随着单位制的式微和"两新"组织的蓬勃发展，城市治理格局出现新的变化。

一、从单位制人员到社会人员的变迁

中华人民共和国建立 70 多年以来，我国城市基层治理根据治理主体和治理方式的不同可划分为 3 个阶段。从中华人民共和国建立到 1978 年改革开放实施之前为第一阶段，因国家在城市中实行以单位制为主的管理方式，单位构成城市基层的治理主体，对城市基层进行全面管控。20 世纪 80 年代到 21 世纪初为第二阶段，在改革的背景下，国家对社会的管控放松，单位制解体，街道与社区却难以完全承接原单位的功能，国家相关治理部门直接面对原子化的个人并成为治理主体。进入 21 世纪后为第三阶段，随着社会法治意识的增强和监督方式的增加，社会约束力不断强化，同时，国家以和谐社会和依法治国为目标来维护社会稳定，使基层治理人员的行为受到社会和国家的双重约束，城市基层治理迈入依法治理的阶段，逐步实现了从全面管控到依法治理的历史演进。[1] 治理主体与治理方式的不断调

---

① 刘升：《从全面管控到依法治理：新中国成立 70 年来城市基层治理的演进——以城管部门为研究对象》，《天津行政学院学报》2019 年第 5 期。

整，是单位制人员在发展潮流中起起落落的历史动因。

从某种程度上说，单位制是时代的特定产物，[①] 在历史与现实背景的双重影响下，催生了单位制与单位制人员的出现。解放战争胜利后，中国政治社会短期内的发展目标是尽快恢复正常的社会秩序，将人民整合起来进行现代化建设成为重要路径选择。中国共产党人借鉴革命时期的统筹经验，运用供给制的方式对社会结构予以规划，即城市社会以党政机关、国有企业、事业单位这三类组织为枝干，建立起整合社会的单位制。单位制具有鲜明的特点：首先，单位制具有多重职能，它不仅具有政治职能，还具有行政职能、经济职能，因而扮演在不同社会领域中的动员、分配、调适等多重角色。[②] 其次是单位制对资源具有绝对垄断权与分配权。几乎所有的生产生活资源都由国家控制，并严格通过单位制对全体社会成员进行分配，通过分配的份额和品质决定其相应的社会身份，也决定了其政治权利的高低。最后，这种制度具有极大的结构稳固性。稳固性这一特征由其组织结构的封闭性决定，单位制下内部成员依附于组织，不具有很高的流动性，因此成员同质化程度较高，对组织具有很强的政治认同心理。这种紧密的依附关系与认同心理确保了单位制的稳固。总而言之，单位制促进了社会成员对单位的高度依附。这种依附主要集中于资源获取途径上，它不仅包括物质方面，也包括政治方面。在物质上，三大改造顺利结束使得生产资料全面被国家接管控制，社会成员所从事的生产活动是依附于三类组织下有序进行的。[③] 成功依附于三类组织的个体，

---

① 刘天宝、柴彦威：《中国城市单位制研究进展》，《地域研究与开发》2013 年第 5 期。

② 柴彦威、刘志林、沈洁：《中国城市单位制度的变化及其影响》，《干旱区地理》2008 年第 2 期。

③ 辛宏志：《科学认识党的执政资源问题》，《中共长春市委党校学报》2004 年第 5 期。

可以获得日常生活、住房、教育等方面多重制度性的物质保障福利。除物质实物资源外，单位也负责调配成员的政治性资源，如政治方面的权利、身份、地位、资格。这种全面性的政治资源调配决定了成员参与政治生活的深度与广度。这两个方面资源的控制，使得社会全员对单位制的依附增强。

改革开放使得市场经济逐步确立，以往通过单位对社会进行管控的方式日益衰颓，国家管理社会的方式开始向以提供服务为主转变，这也从格局上对经济社会进行变革调整，单位制由此衰落。这种衰落主要表现在三个方面[①]：首先，表现为失去对资源的垄断权。中华人民共和国成立初期各项基础薄弱，在这种薄弱条件下现代化建设必须集中力量，由国家将所有社会资源集中进行垄断性调配。改革开放打破了这一局面，非公有制经济的扩张使得社会资源更多地向市场倾斜转移，其分配机制更为完整多样，凸显出的作用也更为明显，以往带有命令色彩的单位制分配的作用已日益减弱。其次，表现为政治功能作用下降。计划经济初期，国家通过单位实现对社会的整合与控制，单位起到重要的载体作用。但计划经济解体后，个体思想随经济开放而不断解放，单位的控制力也因个体对民主性、自主性意识的苏醒与增强而不断衰减，单位管控功能日益削弱，政治影响力也逐渐下降。最后，表现为部分社会职能权的丧失。单位在计划经济时代扮演着近乎全能的角色，是政治性与社会性的双重契合，因此也承担着相当重要的社会职能，这种社会职能体现在单位内部对社会性问题的解决上，即单位解决成员生老病死中所需几乎所有的社会服务。但改革后政府、企业、社会职能被拆分，原本由单位承接的社会职能多数退还给社会承担或交由市场承担，这种结构性转移产生的影响较为巨大。

① 李汉林：《转型社会中的整合与控制——关于中国单位制度变迁的思考》，《吉林大学社会科学学报》2007年第4期。

二、新兴组织的迅猛发展

整合资源组织为加快农村城镇化和城市化升级的步伐提供了可能。伴随着产业结构的不断调整，新兴社会组织及新兴经济组织迅猛发展。[①] 在这一拾级而上的变化过程中，经济发展释放的发展活力如春雨一般滋润了为其提供服务的大量新兴社会组织，并使得这些新兴社会组织不断发展循环，让以往死板僵硬的社会结构逐渐松动。但与之对应的是：一方面，这既是党组织巩固党的执政基础、提高基层党组织执政能力的需要；另一方面，也给基层党组织的发展存续带来了新的挑战。

（一）非公有制经济发展前景广阔

将改革开放作为重要起点，摸索推进社会主义市场经济，允许私营经济在中国社会发展，唤醒了非公有制经济的活力，这为后来非公有制经济的蓬勃发展埋下了伏笔。从改革开放初期的严格限制非公有制经济，到国家开始重新审视其作用，并将非公有制经济地位视为必要的公有制补充形式，再到 1988 年国家明确其合法性，将其肯定为国家正常经济形式，党的十五大明确其作为基本经济制度，党的十六大至党的十八大不断明确"鼓励、支持、引导"的六字工作方针，到了党的十九大把"两个毫不动摇"作为基本方略，不难看出，党对非公有制经济的看法是一个不断深化的过程，是根据现实的变化发展而不断调适的过程。

与此同时，非公有制经济也呈现蓬勃发展之势，主要表现在以下三方面：一是数量多、规模大。目前我国九成以上企业属

---

① 郭岩：《农村基层党组织政治领导力提升的逻辑进路》，《中共杭州市委党校学报》2019 年第 4 期。

于非公有制性质，半数以上税额由其创收。此外，世界 500 强企业中，非公有制企业数占 28 家之多。显而易见，非公有制经济不仅是我国经济的重要组成部分，还担负着社会发展、经济增长进步的重要使命。二是种类形态多样。非公有制经济除了传统形式的企业与个体户之外，也包括商圈、园区或互联网经济等以地产或网络为平台依托，助推科技创新的新型经济模式。三是提供可观的就业机会。城市第三产业的发展提供了大量的就业渠道，为社会稳定发展提供重要保障。

（二）社会组织成为新兴社会力量

单位制时期，以城市党组织为轴心而形成的行政型社会组织是那一时期的主要社会组织，其他社会组织几乎不存在生长空间，因此也不具有实质性功能。单位制解体后的早期，服务于经济发展的社会组织开始崛起，如各类行业协会、专职某一特定技能技术的各类委托服务事务所等，但总体来说规模有限，社会辐射范围只局限在特定领域。随着政府的肯定与支持，社会主义市场经济迅速成长，只专注于为经济服务显然已不能满足需求，与此同时，各类社会服务组织也不断发展，逐渐成长为新兴社会力量，并日益得到关注与重视。[①] 由于前期发展呈现井喷状态，国家先后出台多部法律规章予以规范，对其加强引导与领导，试图通过强化管理促进这一新兴社会力量有序发展壮大。

党的十八届三中全会以来，中央提出"社会治理"的理念，从"社会管理"到"社会治理"的理念迭代，很大程度上反映出企业、社会组织等新兴力量在公共服务和社会事务管理领域

---

① 张波：《我国新社会组织党建工作若干问题研究——基于 2000—2013 年相关文献的分析》，《长白学刊》2014 年第 1 期。

的优势得到了充分的重视。这些新兴的社会组织运作上呈现出非营利性、公益性、志愿性和自治性等特点[①]。与此前社会组织不同的是，它们数量众多、覆盖面广、功能专业。数量众多是由非公有制经济发展而决定的，前者因服务于后者的发展规模而呈现相应态势；覆盖面广是基于社会化服务具有专业要求而言的，由于文化、生态等各层次社会领域的社会服务均有其特定性，因此，不同的诉求造就了不同的服务供给组织，如各类行业的专业协会、各种特种技术工作的职业性事务所，它们彼此联系，也产生了为服务这类交叉业务而生的新兴组织，如各类对接中介团队等。功能专业是基于新兴社会组织承接部分社会服务、慈善、公益等非营利性功能而言的，它们对接教卫医等专业方面，联系不同社会群体，满足其差异性需求，对政府和党组织的公共类服务进行有益补充，日益成为城市治理中的重要组成部分。

（三）"两新"组织对城市基层党组织的挑战

"两新"组织的形成与发展是改革开放的重要成果，也是社会结构的良性变化，"两新"组织的大量出现同时也对党建工作提出了新的要求，对传统党建的运行机制造成了不小挑战[②]。

首要的挑战是对党组织产生一定程度的冲击。党组织的根基由两部分组成：广阔的阶级基础和覆盖全社会的群众基础。两者是党组织存在、生长的血肉之源。单位制时期因为社会结构单一，成员依附性较强，因此阶级基础与群众基础较为坚固，但随着新兴经济与新兴组织的产生、发展，原有的社会结构被

---

① 梁宇：《新时代中国特色社会治理内涵的四重向度》，《东南学术》2019 年第 2 期。

② 陶建群：《传统党建运行机制如何应对挑战——关于连云港市"两新组织"党建工作的调查与思考》，《人民论坛》2009 年第 14 期。

打破，不同群体随职业的改变开始分化，重组为新的社会阶层；大量新阶层的出现，一定程度上冲击了党在之前较为单一的由工人和农民为主要构成元素的阶级基础。这种群众群体的结构性变化给党联系相应群众群体的方式方法都带来了现实挑战。

其次在于党组织覆盖工作的难度加大。两类新兴事物改变了传统的社会空间布局，很多新组织和新经济尚属行政监管的空白领域，因此与政府、党组织的直接联系较弱，从而使得基层政治空间被重塑，但党组织的管理方式一时没有适应这种"管不着"的工作窘境，这种结构性脱节造成了基层党组织难以推广覆盖新型经济与社会组织；同时，对两类新事物中的党员缺乏教育管理机会，渗透覆盖更是无从谈起，这些问题实际上削弱了党在基层治理中的影响力和动员力。

最后是基层党组织的权威被削弱。两种新兴事物的发展承担了原本属于基层党组织的功能，党组织的组织动员力量客观上受到大力削减，这种削减会造成党对社会事务和社会秩序的话语权降低，实质是损害了党的基层权威。

第二节 城市治理中的组织功能失调

一、城市治理中组织功能的内涵及重要性

（一）城市治理中基层党组织的含义及功能概述

《中国共产党章程》第五章第三十条指出："企业、农村、机关、学校、医院、科研院所、街道社区、社会组织、人民解放军连队和其他基层单位，凡是有正式党员三人以上的，都应当成立党的基层组织。"[①]以政治区划而分，中国的基层党组织主要分为农村基层党组织和城市基层党组织两部分。城市基层党组织具有和农村基层党组织一致性功能，也有符合自身发展的特定性功能，是具有高度政治觉悟的服务性组织。它的主要功能大致包括四部分内容：一是政治方面的领导功能，二是公共方面的服务功能，三是社会方面的治理整合功能，四是群体利益方面的协调功能。

在政治方面，党处于领导核心地位，它是社会主义伟大制度优势的集中呈现。正如习近平总书记直击要点："党政军民学，东西南北中，党是领导一切的。"[②]作为中国的执政党，政治领

---

① 《中国共产党章程》，人民出版社 2022 年版，第 43 页。

② 中共中央宣传部：《习近平总书记系列重要讲话读本》，学习出版社、人民出版社 2016 年版，第 102 页。

导中国各项事业是党的重要功能。它意味着必须科学分析国际国内的政治复杂情况并予以有效判别，正确判断政治前行方向，精准把握政治定位，使党对社会主义各项事业的方针政策得以全面实施。城市基层党组织作为党在基层的重要组织具有天然的政治属性，其政治功能主要体现在三项具体内容上：第一项内容是贯彻落实党的路线方针政策，政策的层层压实是党对国家和社会有效治理的重要保证。作为组织运行的最主要参与者，基层党组织运用各种方式保证执行过程运转畅通，将社会治理工作落实到位，让基层群众自觉接受党的各项主张，自觉落实党的各项政策。第二项内容是广泛动员群众、紧密团结群众。历史实践充分证明，自建党以来，党不断从一个胜利走向又一个胜利的重要法宝就是依靠动员群众汲取强大的群众力量。步入新时代后，中国社会现代化进程加快，但这项传统本领不能淡忘，更不能丢弃。想要始终初心依旧就必须时刻保证灵活运用党强大的组织能力，将凝聚广大的基层党员作为强大驱动力，将团结最广泛的人民群众作为不竭战斗力，通过动员团结各方力量实现社会治理的现代化。第三项内容是教育管理党员，基层党支部的政治担当职责是以党代会报告形式予以明确规定的："党支部要担负好直接教育党员、管理党员、监督党员……的职责。"[①]分布于城市不同行业的功能型党组织，密切联系了数目众多的党员群体，构成了基层党组织的主体部分。这不仅在态度上表明党组织对基层党建落实从严建设要求的高度重视，也在操作上明晰了干事担当的具体内容。

　　在公共方面，作为马克思主义政党，在公共事务上为人民服务是融入党全部工作的重要体现。邓小平曾用五个字一语中的：

----

① 习近平：《习近平谈治国理政》（第三卷），外文出版社2020年版，第51页。

"领导就是服务。"[1] 服务是政党长期执政的重要本领能力，党在长期执政中的领导地位主要取决于在公共服务上下的功夫。从服务覆盖程度来说，覆盖度越高，凝聚的群众数量就越多。改革开放前的中国是一个适应计划经济模式而提供全能型社会服务的国家，所有的社会资源由政府调配，保持社会日常运转的所有需求都是由国家进行供应。改革开放后，社会阶层日益分化，社会需求日益多元繁杂，国家难以满足这种庞大且多样的社会需求。新兴市场主体应运而生，以弥补国家单一化供给的不足，并提供精细化的社会服务。一般而言，公共服务功能主要包括三方面内容：首先是针对国家改革的配套服务。改革是中国当下最重要的历史任务，关乎中国的未来和人民的命运，是破解当下中国社会各类矛盾的金钥匙。城市是攻坚期战场第一线，直接对话各类公共诉求，承受着各类治理风险。城市基层党组织是这项任务的支柱，对深入改革的具体执行情况最有发言权、最紧贴人民群众，因而可以更好地宣传改革最新政策方针，带领党员干部冲锋一线，带领人民广泛参与其中，形成巨大合力，确保这一伟大任务最终夺取胜利。其次是针对社会公众需求的服务。"始终要把人民放在心中最高的位置"[2] 是习近平总书记对人民群众的郑重承诺。党与人民心意相通、血脉相连，步入新时代，能不能让人民群众始终拥有幸福感、获得感，是党在新时期执政的一次大考，习近平总书记曾明确指出判断这一大考合格与否的标准："把人民拥护不拥护……作为衡量一切工作得失的根本标准。"[3] 城市基层党组织必须要让城市人民满意，将解决民生问题作为服务社会义不容辞的职责与标准。最

---

[1]　邓小平：《邓小平文选》第三卷，人民出版社 1993 年版，第 121 页。

[2]　习近平：《习近平谈治国理政》（第三卷），外文出版社 2020 年版，第 139 页。

[3]　习近平：《习近平谈治国理政》（第三卷），外文出版社 2020 年版，第 142 页。

后是针对基层党员群体的服务。党员是党组织这棵参天大树的鲜活枝叶，只有枝繁叶茂，才标志着党组织生机盎然、永远年轻。一方面，对党员提供精细化的教育服务，增强党员对社会主义事业的紧迫感使命感，只有这样才能保持党在新时期的战斗力；另一方面，在实际服务中，注重发挥好党内民主，保证党员享有党章规定的各项正当权利，对少数有困难的党员适当开展经济帮扶工作，主动关心党员，解决其生活中的实际问题与工作中的客观困难，提升党员的参与度，调动党员的积极性，在良性互动中培养党员的能力与水平，不断提升基层党组织战斗力。

在社会方面，城市基层党组织发挥着治理整合功能。治理的功效是理顺社会事务，整合的功效是使社会事务理顺后通过再优化达到效率优化。而这些工作的开展，离不开基层党组织在其中穿针引线，这也被习近平总书记形象地称为"一条红线"，即基层治理由基层党组织负责牵头，把党在政治与组织上的优势转化为城市治理智慧。首先是在政治上加以引领。各类新兴基层社会组织具有成员吸收快、影响力大的特点，能在群众关心问题上发挥重要作用，其中不少组织已经带有政治色彩，因此在治理中基层党组织必须加强对它们的政治引导工作，让新兴基层组织自觉在基层党组织的引导下开展工作，正确把握政治方向。其次是在组织上加以引导，即运用一些方法把党的主张、意图传达给基层组织。在社会组织的负责人选方面，各类社会组织积极行动，通过程序选举负责人，让各类社会组织的行动都能接受基层党组织的统一指挥与部署，实现对社会治理的有效整合。

在群体利益方面，城市基层党组织发挥着利益协调功能。具体而言，利益协调功能包括三方面的内容：一是有效进行利益观念引导。利益观念的形成是需要一定过程最终定型的，但一旦定型就很难被改变，且利益观念具有群体属性，不同社会群体之间的利益观念千差万别，彼此间存在很难逾越的分水岭。思想教育是弥补彼此观念差异的沟通桥梁，基层党组织在社会成员利益价值调控上发挥着不可替代的思想引领作用。通过长期正确利益观念的宣传引导，不同社会群体能更为妥善地看待当下利益格局的动态变化，从而杜绝偏激的价值取向。二是实际直接调整利益分配。因当代社会市场化的不断深入，传统利益分配的格局产生了本质变化，服务于计划经济管控的分配方式已经被历史淘汰。自由度与开放度的释放提升了大量资源的流动速率，人们的就业形态也随之改变，经济收入的来源更为多元，利益结构也进行了二次重组。在此种结构变革中，基层党组织必须要发挥战斗堡垒作用，积极运用自身优势适应新形势发展，对不同群体利益进行有机统合。在此过程中需要建立常态化的利益协调机制，动态及时回应社会各阶层的关切内容，督促利益分配落实，及时对利益分配中存在的贪腐等不良现象进行问责监督。通过有效的措施缩小社会成员利益之间的实质差异，缓和不同成员间的矛盾，将利益冲突风险降到最低，保持社会长期稳定，用实际行动消除相对弱势一方社会群体的"被剥削"心理，通过完善社会服务和社会救助功能维护好社会公平。

（二）城市治理中党组织功能的重要性

城市治理中，组织功能是非常重要的一环。社区党组织建设是城市治理系统格局中的基本单元，充分发挥党建引领，注重党组织在城市治理中的作用，因地因人制宜，总结出更多的基层治理工作的经验，就能够推动我国治理内容与方式更接地气、更有效率。①

改革开放以来，随着经济发展与社会进步，城市化快速推进，城市建设取得了前所未有的成就。各类人员、各类产业、各种新兴技术向城市大量涌入，城市治理在国家治理体系中的角色和地位日益突出，党的十九届四中全会明确指出"加快推进市域社会治理现代化"，这一指向充分展示了城市治理现代化是国家治理体系现代化的重要组成部分。在推进城市治理现代化过程中，基层党组织的功能不可替代。正如习近平总书记所生动描述并强调的，"基层党组织是贯彻落实党中央决策部署的'最后一公里'，不能出现'断头路'……"，由此可见城市基层党组织功能的重要性。

基层党组织是构成政党系统的最小细胞，它作为神经系统能时刻捕捉到城市治理中潜在的风险并及时发出反馈信号。企业、机关、学校、街道、社区……这些都是基层党组织广泛扎根的载体。一方面，在思想工作上，基层党组织传达党的主张、声音，贯彻落实党的方针政策；另一方面，在实践工作上，基层党组织在城市治理中处于领导地位，发挥团结带领群众促进城市发展的战斗堡垒作用。这两个方面的突出作用，是党的建设与组织战斗力的集中体现，也是城市治理中确保党总揽全局、协调各方得以顺利落实的重要保证。

基层党组织把握着城市治理的鲜明导向。城市治理的有序推进离不开基层党组织的有效引领。小到保持社区走道的干净整洁，大到大型民生工程的沟通对接，基层党组织用专业性与全面性满足群众日常需求。基层党组织与群众的关系最为直接，所产生的日常接触最为密切，因而彼此交流更为广泛。适应新型城镇化发展，创新社会治理体系，是党的十八大以来对创新

---

① 章平、刘启超：《如何通过内生惩罚解决异质性群体的集体行动困境？——博弈模型与案例分析》，《财经研究》2020年第5期。

基层党建工作所做出的重大部署。① 无论遇到什么挑战，只要基层党组织充分发挥主观能动性紧密依靠最广大群众，就能保证冲破治理过程中的阻隔；只要不断因地制宜创新方法，因时而变创新方式，就能突破重重困境。

二、城市治理中组织功能失调的表现

（一）人口大规模涌入的城市治理难题

城市化过程本质上就是人口在空间上的二次配置过程，人口的大规模集聚不仅造就了城市繁荣发展，也给城市治理带来诸多问题。改革开放以来，我国人口流动与城市化、工业化、市场化进程相互交织。20世纪80年代至90年代，城市经济的迅猛崛起促进了各生产要素间的交互置换，国家也放宽了人口流动的限制，这为改革初期城市发展补足了人口动力。20世纪90年代至21世纪第一个十年，新的一轮城镇化进一步促进了人口的流动。据统计，2000年我国流动人口为1.02亿人（占总人口的8.2%），此后持续增长，到2015年达到2.47亿人（占总人口的18%），15年间增加了1.45亿人，年均增长967万人。② 但人口集聚速度过快会造成城市过载，诱发各类社会治理问题。学界试图从多个角度找寻破解城市治理的难题。比如，周期性社会压力理论认为，人口增长是社会危机的极大诱因，人口的极速增长会使社会制度、资源、自然环境与人口间的关系失衡，威胁社会政治结构的稳定性。虽然理论模型与中国实际发展的

---

① 田启战：《社区基层组织建设问题与对策探析——以成都市高新西区某街道办为例》，《信阳师范学院学报》（哲学社会科学版）2016年第2期。

② 国家统计局：《第六次人口普查数据——31个省、自治区、直辖市分册》，中国统计出版社2010年版，第52页。

具体情形会有一定出入，但对当前中国社会发展仍具有一定的警示作用。

中国的城市化快速推进，使得中国整体旧貌换新，但也要看到这个换新过程给城市党组织建设带来的新型挑战。在城市化过程中，2亿多人涌入城市，并在城市中从事生产活动，但无法享受与城市居民相同的公共服务和社会保障，缺少利益诉求表达的渠道，人口集聚与城市资源分配之间有着极大张力，流动人口公共服务需求扩张与低效的治理水平之间矛盾日益尖锐。部分民众的权利意识觉醒，并开展有组织但无秩序的社会结派、结社事件，对城市治理造成了一些负面影响。人口集聚、利益分化等问题给政党整合社会带来了难度，也给基层党组织引领社会治理提出了新的要求。

（二）人民追求高品质生活带来的治理挑战

改革开放距今已40余载，人民的生活水平随着经济的不断发展而日益改善，社会物质资源更为丰富，物质条件短缺已成为久远的记忆，绝大多数生活需求能得到满足，同时社会需求也更为多样。"人民美好生活需要日益广泛，不仅对物质文化生活提出了更高要求，而且在民主、法治、公平、正义、安全、环境等方面的要求日益增长。"[1]不难发现，时至今日，人民仍旧对教育、工作、收入水平、社会保障等传统议题保有关心，同时也对民主、法治、安全等新领域提出了新的要求。这些新议题也表明，美好生活并不是将物质满足与精神满足单一地叠加起来，而是在全新历史条件下对传统议题提出更高水平的要求，对全新议题增添新的需求内容，是传统领域的需求升级和新兴

---

[1]　习近平:《习近平谈治国理政》(第三卷)，外文出版社2020年版，第9页。

领域新需求的有机结合。对于城市基层党组织而言，现阶段对美好生活需求的层次多样和不断递增这两大特征也为其带来了双重考验：

其一是引领社会的能力考验。美好生活的内容十分广泛，包括政治、经济、社会、文化、生态等多个领域，但是实现这些需求所需的社会资源在一定时期内又十分有限，因而社会资源的有限性与社会需求的无限性始终存在矛盾。如何缓解这一矛盾是城市治理不可回避的问题。基层党组织是与社会连接最为紧密的组织，其引领社会的能力直接决定了上述矛盾的解决程度。

其二是协调能力考验。从社会总体来看，经济加速发展带来的现代化多元社会主体及组织，让财富分配和就业选择更为多样化；但从个体单元来看，个人占有的社会资源、家庭积累、能力机遇等方面存在较大差异，两者的叠加会扩大群体的分化，由群体分化而形成的利益多元与价值观念多元也成为一种必然。出于维护自身及群体利益的目的，人们对社会问题的思索受个人所属阶层、思维惯性等方面的影响，而非出于维护公共利益的目的进行发声。需求的共通性与对立性同时存在，发声表达的方式也种类繁多，社会冲突在所难免。而城市是人口众多、利益更为多元的现代化代表性阵地，不同人、不同群体在美好生活上的矛盾更为直观显露，如不尽力建成有效的协调渠道，不仅不能解决群众幸福感方面的问题，还会激化出新的矛盾类型。不难看出，在有效协调利益上，城市基层党组织面临着重大的考验。

（三）群体利益分化的城市治理困境

利益是伴随人类进步过程的产物。现代化作为人类进步的一个历史性过渡，本质是社会利益分化并调整的历史性过渡，社会结构因现代化的发展而产生动态变化，带来了社会分化等一系列社会痼疾。[①]利益分化是转型过程中必然会遭遇的问题。社会经济的发展使得社会分工不断细化，社会成员的阶层种类变得更加丰富，并由此产生了个体意识和群体意识的多元化。收入差距扩大、文化观念多元等问题共同导致了频繁的利益冲突，这些都给城市基层党组织建设带来了巨大影响。

　　一方面，利益分化对城市基层党组织的社会整合能力提出了更高要求。单一社会体制下党、政府、社会、个人在利益上具有高度同质性，高度集中的社会资源分配机制更是使个人或群体缺少分化的可能，但随着体制的变革，不仅出现了分化现象，其分化速度和程度与日俱增，分属不同阶层的人利益诉求出现明显差异，且他们从自身利益角度出发，对党的执政在不同方面和领域提出了具体利益要求，执政党如何将这些要求进行甄别、整合和回应是一门必修之课。

　　另一方面，利益分化对城市基层党组织的冲突协调能力提出了更高要求。当前，多元主体的利益冲突问题充斥城市基层治理的多个领域。比如，物业、业委会和社区之间因利益冲突而产生的纠纷和矛盾频频曝光，基层党组织和基层党员干部如果缺乏冲突协调的能力，则会导致基层群众与党组织关系紧张，对干部产生不信任心理，甚至带头不服从基层党组织的某些决定等。

（四）互联网崛起背景下的城市治理风险

　　互联网是第三次科技革命的重要成果。它凭借以往媒体所不具备的超凡移动性与社会性，打破空间与时间的双重限制，对各国人民的生产和生活都产生了巨大的影响。互联网所具有的

---

　　① 　王星：《利益分化与居民参与——转型期中国城市基层社会管理的困境及其理论转向》，《社会学研究》2012 年第 2 期。

开放性、虚拟性和交互性特征，对促进信息流动和传播具有显著优势。

第一，互联网加快了舆论传播速度。互联网改变了媒体结构，也改变了舆论环境。以往基于报纸、杂志等传统媒体的舆论传播，往往以点或线性对接的形式进行。而互联网不仅延伸了传统媒体的路径，还具有多点多线甚至精准推送定点社会主体的特征。随着互联网的普及率不断上升，互联网基础设施的不断完善，互联网媒体展现出惊人的传播速度和传播能力。

第二，互联网拓宽了民意传达渠道。社会稳定离不开有效传达民意的平台或路径。传统的政治沟通渠道以单向传递形式为主，且由正常渠道环环转接。这种方式不仅等待时间长，而且由于传递过程中的信息损耗和信息过滤问题，往往使得反馈结果难以有效解决问题。但通过互联网平台参与政治，可以减少中间信息丢失的可能，缩短信息传递的链条，降低信息沟通的成本，能有效提升民众政治参与的积极性和广泛性。

第三，互联网平台集结了宣传动员功能。由于主体众多且使用成本较低，互联网有利于信息快速扩散，增强政党的动员功能。网络虽为虚拟技术，但并非脱离现实社会，线上与线下会产生互动，可以说在形式上具备了组织的构成要素，其成员可以根据某一目标采取一致行动，实质上可以通过网络完成集体行动，因而对社会公共空间的治理来说是一种巨大的挑战。正如习近平总书记多次强调的，"互联网是我们面临的最大变量，在互联网这个战场上，我们能否顶得住、打得赢，直接关系国家政治安全"[1]，"网络已是当前意识形态斗争的最前沿。掌控网络意识形态主导权，就是守护国家的主权和政权"[2]。互联网的自

---

[1] 习近平：《习近平关于网络强国论述摘编》，中央文献出版社2021年版，第56页。

[2] 习近平：《习近平关于网络强国论述摘编》，中央文献出版社2021年版，第54页。

身特点和其独特的作用，实际上已使得传统生产生活发生了变革，其技术应用所造成的社会政治领域的连锁效应已经充分显现，其中也包括给社会治理带来的相应挑战。

首要挑战是互联网的兴起对社会主义主流意识形态的冲击问题。互联网的兴起与广泛应用给各类社会思潮提供了新兴传播平台，互联网自媒体的普及使得社会价值的分化更为明显。社会价值的多样化诚然可以发挥激发社会活力的积极作用，但过度活跃的社会思潮所带来的价值碰撞也对主流意识形态产生了冲击，使得主流意识形态吸引力被分流，从而影响了其凝聚作用。此外，互联网超越了地域限制，既给西方的"去马化"思想和鼓吹"自由民主"思想提供了可乘之机，也让不少外来敌对势力凭借互联网技术的开放性特点，全方位地向中国渗透其价值取向、政治观念。正如习近平总书记在全国宣传思想工作会议上指出的："互联网已经成为舆论斗争的主战场。……西方反华势力一直妄图利用互联网'扳倒中国'，多年前有西方政要就声称'有了互联网，对付中国就有了办法'，'社会主义国家投入西方怀抱，将从互联网开始'。"① 互联网是没有硝烟的战场，网络信息的鱼龙混杂和泥沙俱下正威胁着社会主义意识形态安全。

其次是传统的组织结构难以适应网络扁平化治理需求。网络具有去中心化、多元化的传播特点，其扁平结构让每个人都能参与到信息的生产传播与再生产再传播中来。从组织运作来说，传统科层组织结构与网络扁平化特征不相适应。在传统党组织架构下，信息的传递和反馈遵从等级制，网络的发散式传播模式更具平等性，垂直结构下的城市党组织在适应扁平化治理需求时显得力不从心。互联网带来观念的活跃、多样、传播无死角也对党员干部的思想认知进行了重塑。这在某种程度上提高

---

① 习近平：《习近平关于网络强国论述摘编》，中央文献出版社 2021 年版，第 50—51 页。

了党组织内部统一思想的难度，对基层党员思想教育工作的开展也提出了全新考验。就当下来说，党建主动、深入融合网络技术方面的工作，开展得不全面也不充分，其形式较为单一、内容较为乏味，难以有效凝聚生活在网络时代的党员个体的共识，对年轻党员群体而言尤甚。

最后是冲击党组织的社会动员成效。互联网使得社会交往中的问题被放大，只要被放于网络空间讨论就火速成为焦点话题，其传播的交互性会使话题影响力几何级数增大，甚至引发舆论危机。这种无序化的舆论事件事先难以预测，如不及时回应和妥善解决，容易给社会治理留下隐患，增加社会风险。不少本不属于政治话题的社会问题经过网络传导，在传播与挖掘信息的过程中最终变成体制问题、政治问题甚至意识形态问题。[①] 网络舆情事件对党组织公信力的冲击与执政基础的破坏是前所未有的。网络的多元分散传播使得每一个人、每一个组织都获得了使用信息的渠道，增强个体影响力与动员力的同时也弱化了党组织在信息传输中的主导地位，而不少偏激型意见领袖隐遁于虚拟化的网络身份之下，伺机炮制有损于党和国家形象的话题，肆意煽动网民负面情绪，这加大了基层党组织的治理难度。

---

① 戴维民、刘轶：《我国网络舆情信息工作现状及对策思考》，《图书情报工作》2014 年第 1 期。

第三节　城市治理中的组织结构失序

一、基层党组织整体结构上的个别空洞现象

城市基层党组织发挥着确保与坚实党的执政地位、推动治理体系进一步完备的重要作用，它是党和国家对社会进行有序治理的重要保证。在计划经济时期，城市治理主要任务落在各行业各类单位上，而各个单位具有高度组织化的基层党组织，它们交织覆盖城市各个角落。随着改革开放进程的加快，这种高度封闭的单位制逐渐式微，与此同时，大量的新型社会组织和经济组织不断涌现，基层党组织的覆盖也在这些新组织载体中出现了一定程度的缺位。

（一）基层党组织缺位现象的现实表现

各行业基层组织是城市基层党组织的有机组成部分，基层个别空洞现象无疑对城市治理功能的发挥有着一定程度的限制。

一是基层党组织群众基础紧密程度需要提升。群众基础是一项具有战略意义的政治资源，只有在紧密状态下才能保证党在基层正确传达执政方针与政策。作为党群连接的重要一环，密集分布在城市各个地方的党组织网络，是党与人民相通的核心渠道。从这一现实角度出发，组织工作做得扎不扎实、与群众连接广不广、与人民感情深不深，这三项工作关键的评估标准

在于组织在城市中的有效覆盖率。但基层党组织个别空洞现象的存在，成为党联系某些社会群体的主要藩篱，使得群众相关诉求缺乏上传渠道，很多矛盾性问题无法做到及时反映并妥善解决。由此就会使党丧失对部分群众的联系，无法有效对群众进行组织，长此以往会不断削弱党组织的动员能力，弱化城市治理效果。

二是基层党组织的服务水平相对不足。服务群众作为党的一项重要功能与重要本领，是党的战斗力的不竭之源。活跃于一线的城市基层党组织，直接对接人民群众，直接服务人民群众。党的十八大报告对这一功能有着明确要求，习近平总书记反复强调，"人民是我们党执政的最大底气"①，办得好，办得出彩，才不会辜负人民的期望与托付，党的执政底气才真正足。"与人民同呼吸……是党的恒心……通过各种途径了解群众的意见和要求、批评和建议，真抓实干解民忧。"②事实上，传统的组织网络也在一定程度上发挥着服务群众的功能，但是受基层党组织的个别空洞现象与城市人口过于庞大这两重因素影响，基层党组织在服务质量上出现了良莠不齐的现象。特别是2020年新冠疫情暴发初期，各类资源的调适与配置工作激增，基层党组织服务水平上的瑕疵也被放大，某些疫情严重地区尤甚，给社会留下了不少负面印象。与此同时，这一情况也起到了一定的警示作用，极个别空洞现象的存在，无法形成更为细密的组织网络，阻碍了基层党组织服务功能的正常发挥，直接影响人民群众的幸福感。

三是基层党组织的社会治理能力未被完全呈现。单位制下的"熟人"社会治理与现代城市的"陌生人"社会治理本质上存

---

① 习近平：《习近平谈治国理政》（第三卷），外文出版社2020年版，第135页。

② 习近平：《习近平谈治国理政》（第三卷），外文出版社2020年版，第138页。

在巨大的差异。随着城市化进程加快，大量流动人口涌入城市、扎根城市，人们生活和生产的场景不再是原来单位制模式下的熟人社会，而是陌生人社会，因此，基层党组织在传统熟人社会治理下的逻辑不能完全套用于现代陌生人社会。但现实情况是，很多城市基层党组织没有及时调整治理思路，仍然沿用单位制模式下熟人社会治理的策略在治理陌生人社会，而这恰恰限制了基层党组织社会治理能力的发挥。

（二）基层党组织缺位现象的产生原因

一是经济原因。沐浴着改革开放的东风，社会主义市场经济由初始的萌芽状态成长为参天大树，收获了累累硕果，在时代大潮流中各类新兴企业异军突起。它们的运行模式和自身的体系都与以往体制内的组织逻辑相区别，呈现出成员联系不甚复杂、关系更为平坦的特点，其主要组织目标就是追求经济效率。进入新时代以来，城市扩张速度加快，不少地区的特大城市为加快发展吸纳周边市县，形成新的区县规划；各种商务写字楼、新兴产业园区如雨后春笋般拔地而起，吸引了商业圈等新的市场业态，成功改写了城市治理模式的新兴格局。发展方式的深刻变革给城市提供了大规模的就业机会，使城市社会结构日趋完备。新产业、新业态需要新的治理思路与路径。为此，中央也进行了针对性的治理部署：为使发展势头强劲的新产业、新业态进一步规范化、制度化，强化这两部分新内容的党建工作组织力度，实现组织工作全覆盖。但小微企业是新产业与新业态的主要构成，具有人员变动频繁、党员人数占总体人数的比重小的特征，因而在这类企业中推进党组织建设具有实际困难。新华社一项调查数据显示，全国有 158.5 万家非公有制企业法人单位建立党组织，26.5 万个社会组织法人单位建立党组织。相比于全国非公有制企业法人单位数量，按所有制结构分，全国公有制企业数量为 35.4 万个，非公有制企业（包括私营企业、外资企业、港澳台资企业）数量 390.1 万个。从这些数据上来看，目前我国的新产业、新业态工作取得了较大进展，但在实际工作中仍存在不少党建工作的缺口。

二是历史演变原因。1978 年以前的中国城市社会，基层党组织凭借各类部门形成了庞大的组织网络，深入覆盖到城市各领域、各行业，真正意义上做到了基层组织几乎完全囊括。1978 年以后，为进一步活跃社会主义市场经济，国家放宽了对市场主体的管控，对社会的管理模式也逐渐从管控方式过渡为治理模式，党和社会之间的关系发生了巨大变化。随着居委会、街道办等基层社会治理机构的设立，社会管理取得了变革性突破，即党在社会生活上的全面管控逐步淡化。行政力量的退出，为社会留出了更为广阔的生长空间，使社会自我治理能力不断发展；与此同时，这也部分瓦解了以往与行政单位一体生长的基层党组织网络。在行政管控淡化的趋势下，传统社会领域中的基层党组织，逐渐演变为具有城市组织功能的边缘角色、陪衬角色，甚至还出现找不到基层党组织的现象。

三是制度设计原因。1978 年以前，中国还是计划经济体制，随着改革开放的深入，制度也随之进行了再设计、再调整，城市治理中的社会也随之进行了再组织。再组织的过程深刻推动了社会结构的变革，此时的社会结构不同于以往的静态化单一结构，开始动态折射出多元的色彩。静态化单一结构的基层党组织没有完全嵌入新的社会空间，即使建立了相应的党组织，也缺乏内在的运行动力。无论所建立的党组织是否发挥了主观能动性，仅就效率而言，城市社会结构的迭代速度远超基层党组织的覆盖速度，两者的发展速度之间存在不匹配状况。经济社会的快速发展伴随着不同群体的利益冲突，激增的矛盾呼唤着基层党组织作为重要主体进入其中发挥协调作用，通过运用基层党组织网络化的组织结构将庞大的城市社会资源有效整合，填充城市治理的"死角"与"缝隙",从而提升城市治理综合效果。这种治理思路无疑是科学的,不过现存的基层党组织个别空洞现象很大程度上削弱了组织效能。

二、基层党组织结构边界受到冲击

基层党组织结构边界被冲击主要源于两个方面格局的改变。一是国家行政力量的范围收缩。随着计划经济体制的转型,国家权力相应放松了传统管控力度,从一些社会领域中逐步退出。二是社会空间的相对扩展。随着单位制式微,非公有制性质的组织和企业快速发展,拓宽了活动范围。但传统上由行政主导的社会主体未完全消失,仍具有主导地位,因而在共存状态中两者相互影响与渗透,其绝对界限被模糊。处于这种氛围中的城市基层党组织,其面对的挑战也主要来自市场力量。

首先是给基层党组织赖以存在的社会基础带来冲击。在国家行政力量主导时期,主导的主要方式就是建立广泛的党组织,并使其密布于社会空间,由其渗透并主导社会事务。但是经济发展带来的新社会组织大量涌现,点状式占据了现有的社会空间,甚至催生出与党组织网络毫无关联的新社会空间。[①] 随着其运作机制的不断成熟,新型组织吸纳的社会成员数量不断上涨,其社会交往获得的影响力与日俱增,客观来说它们力量的壮大使得基层党组织存续的社会基础被蚕食,存在发展的空间与机会被挤压,特别是社区制的全国性普及带来的居民委员会权责被强化,基层党组织与社区居民直接接触的机会减少,由此,基层党组织变得更为封闭,更聚焦于对党员群体的服务管理,以致弱化了其社会基础。

---

① 袁校卫:《从嵌入到融合:新时代新型社会组织的党建路径探析》,《河南社会科学》2020 年第 9 期。

其次是给部分社会领域带来冲击。随着群众意识的提高，民众对社会公共服务有了新的要求。一些新兴社会组织因其身处社会民生的相关活动空间中，其专业水平更高，使得更多人选择由其提供相应领域的服务，这就在一定程度上挤占了党组织在这一领域提供服务的空间。以服务质量选择服务提供者是市场经济发展的必然产物，这对公共产品的供给质量来说是一种良性刺激，能让更多的社会成员享受实实在在的优质产品，但这同时也是对基层党组织吸引力和凝聚力的巨大挑战。

最后是对社会的整合带来冲击。社会治理的一个重要任务是进行社会整合，这也是党组织在城市中的一项重要工作。新兴组织的出现与拓展，加重了整合工作的复杂性与多元性，社会空间中的新生部分也造成了社会自由化倾向，党组织不得不对不同社会空间、社会领域进行全新的资源调配，这就导致政治资源的分散，进而影响到组织结构的稳定性。

三、基层党组织成员的组织认同淡化

认同感在组织内部至关重要，它决定了组织是否具有权威性和稳定性。组织成员对组织的认同程度，也能反映出其价值与观念是否被成员接受以及接受的程度如何。但作为社会心理之一的认同，具有复杂性与交互性，这种交互过程是复杂动态的。

根据社会心理学的理论，认同是可以通过后天的塑造而得到强化的。具体而言，这一理论包括利益联结机制、宣传教育机制和纪律惩戒机制。利益联结机制是通过让成员对组织利益认可的方式，将个体利益与组织利益有效统一，在统一的基础上实现情感上的认同。这种利益可以是物质层面，也可以是非物质层面。单位制时期，资源集中于国家，由组织配置，个人只有依附于组织才能享有社会资源，组织作为国家与个人关系的实际媒介发挥着主要作用，只有服从组织才能保证正常的社会生活，因而三者的利益具有高度一致性。党组织具有不容侵犯的权威及实权，其成员也对组织充分信任，具有较高服从度和忠诚度。唯有共同价值能让组织存续更久、更牢固，但对共同价值的看法不仅受自身的文化程度影响，也受社会环境影响。要保持成员的认同心理不动摇，就需要加强思想教育工作，而思政工作本就是马克思主义政党的传统优势。[①] 因此，不管所处时期如何改变，用常态化的组织生活对党员进行主动引导与教育，增强其对组织的情感和认同都是十分重要的。纪律规定着组织的底线，纪律可以强化组织的角色意识。当成员的行为、言论在某些时刻、情景中与组织发生冲突时，一方面，必须运用纪律手段批评并纠正这种不当行为，保证组织的权威及稳定，另一方面，通过惩戒手段，在组织程序上增加强制性，对其他成员进行有效震慑，使其不会犯下类似错误。

但是组织成员的认同随着改革开放步伐的加快而有所淡化，主要表现在以下三方面：

首先，社会成员解除了对基层党组织的高度依附关系。计划经济时期，党组织充分统摄所有社会成员，对资源获取与分配具有绝对的控制权。但随着单一模式被打破，市场在资源配置中的地位和作用不断突显，社会成员因资源获取而逐步剥离与党组织的高度依附关系，党员也经历着这种剥离过程，这在一定程度上降低了其对党组织的依赖。[②] 由利益路径而带来的高度认同在此有所弱化，党组织已经无法为党员提供计划经济时期广泛的社会资源，两者的关系因分散而疏离，党员对党组织的认同感也由此走向相对弱化。

其次，网络带来的思想激荡导致了党员的认同淡化。党组

① 韩强：《论加强新时代流动党员队伍管理》，《学习论坛》2020 年第 3 期。

② 翟道武：《构建科学的党员管理机制》，《中州学刊》2015 年第 7 期。

织结构是在以往高度统一的社会中产生的，并在相对封闭的社会环境下塑造了群体性认知。但网络时代的组织认同与此前任何时期都不相似：一方面，各种社会思潮分散又多样，彼此间还存在着争鸣与激荡；另一方面，得益于网络平台的开放性与信息传导的快捷性，不同思潮之间的争辩在互联网上大量传播，吸引了更多的人参与其中。在互联网平台上，不可避免地渗透着外来思想观念及价值观念，互联网的开放性使得一些不良思潮被党员群体接触，这在一定程度上对其思想产生迷乱与干扰。而多数基层党组织对这类即时性冲击的应对往往显得滞后，未能及时对党员群体的思想困惑进行疏导教育，也导致了基层党组织凝聚力的下降。

最后，基层党组织存在战斗力不足的问题。自计划经济体制向市场经济体制转变以来，在这一历史跨越过程中基层党组织自身存在无法适应的问题。主要表现为：在认识问题、整顿组织、创新工作等诸多环节或是疲于应对，或是涣散软弱，这种态度与状态使得基层党组织战斗力明显下降，无法发挥应有的战斗堡垒作用，党员群体模范作用也没有完全发挥。[①]组织的认同是其成员与组织之间双向互动的过程，组织自身战斗力不足直接削减了自身权威，降低了成员对其的服从性，这种不良情况的存在，会使两者都陷入更深的价值危机与认同困境。

---

① 王同昌：《基层党组织组织力内涵与提升路径》，《理论学刊》2019 年第 6 期。

第二章

大流动时代

党建在城市基层治理中的功能定位

治国安邦，重在基础；基础不牢，地动山摇。为了有效应对大流动时代社会结构分化、利益观念多元的复杂治理环境，基层党组织在城市基层治理中的功能定位也应与外部环境相互协调，并重点在政治引领功能、社会治理功能、公共服务功能和社会整合功能四个方面有效发挥作用。本部分主要对城市基层党组织政治引领功能、社会治理功能、公共服务功能和社会整合功能的基本逻辑进行阐释，对基层党组织在发挥这些功能时可能遇到的"梗阻"进行分析，并试图提出相应的优化方案。

第一节　政治引领功能

治国安邦，重在基层；管党治党，重在基础。以党的政治建设为引领，加强基层社会治理创新，营造"共建共治共享"社会治理新格局，是一项复杂的系统工程。完成这一系统工程必须坚持以党建工作科学规划基层治理的工作要点，在建立健全党委领导、政府负责、有关部门和群团组织密切配合，社会力量广泛参与的工作体系基础上，加强党的组织保障，制定配套政策，积极营造全社会关心、支持、参与基层治理的良好氛围。

城市基层党建是党长期执政的根本支撑，在继承和发扬党提升组织力的历史经验基础上，通过提高基层党组织的组织力来夯实基层党组织的战斗堡垒作用，突出其政治功能，是基层工作的首要功能。进入中国特色社会主义新时代之后，突出政治功能是基层党建的新定位和新要求。党的十九大报告中高度重视党的建设问题，强调要重视党建对城市基层治理的作用发挥，明确要以提升城市中企业、机关、学校、科研院所、街道社区、社会组织等基层党组织的组织力为重点，以党的领导保证基层治理的正确方向，以精准服务强化基层党组织政治功能，以党组织为核心构建"共建共治共享"格局，以基层治理成效检验基层党建工作。由此可见，把握政治方向的正确性、保持党的阵地的战斗性、维护党的领导的自觉性和联系服务群众的紧密性都是基层党组织政治功能的重要方面。

一、把握政治方向的正确性

党的领导是中国特色社会主义制度的最大优势。基层党组织是党的领导的重要基础。俗话说，基础不牢，地动山摇。随着改革开放的不断深入，党执政的环境复杂多变，矛盾大量聚集于基层党组织。从国际环境来看，东升西降的国际格局，增加了一些西方政党和国家对中国和社会主义制度的敌对情绪，基层党组织也由此面临了诸多挑战。西方敌对势力利用各种手段对基层社会进行意识形态渗透，尤其是随着互联网的发展，这种不确定性明显增强。基层群众容易受到西方势力的蛊惑，不利于党的执政基础的巩固。从国内环境来看，"单位人"变"社会人"，城乡人口高频流动，社会利益结构多元复杂，这些问题如若处理不当也会集聚基层矛盾，从而致使民众质疑社会主义制度优越性。

如何确保基层社会群众和基层党员干部在政治上不迷失、不迷路？一方面，城市基层党组织应当教育引导党员干部旗帜鲜明讲政治，推进"两学一做"学习教育常态化、制度化，不断发挥各类基层组织的政治引领作用，城市居民在主题教育引导下不断坚定理想信念，敢于同西方意识形态的渗透和一切影响城市社会稳定的不良行为做斗争；另一方面，城市基层党组织要聚焦基层矛盾的防范和化解，以实际行动来满足群众的需求，以实际行动来凝聚群众的支持和信任。这样一来，基层社会和基层群众就会自发维护党组织的领导，跟着党的政治路线走。

二、保持党的阵地的战斗性

基层党组织是党全部工作和战斗力的基础。基层党建能够发挥城市基层党组织的政治优势，将基层人才聚集起来，从群众中来，到群众中去，将政治势能转化为治理优势，改进城市基层治理，完善基层环境。习近平总书记指出，"创新社会治理，关键在体制创新，核心是人"，所以，将党的政治优势转化为城市基层治理优势的突破口在于发挥基层党员干部的模范作用，以点拓面，发挥基层战斗堡垒的作用。

从现实情况看，一方面，基层党组织在城市基层的组织力量在不断增强。根据中国共产党党内统计公报，2019 年比 2018 年增加 7.1 万个基层党组织，增幅为 1.5%。共有基层党委 24.9 万个，总支部 30.5 万个，支部 412.7 万个，全国 8636 个城市街道已建立党组织，覆盖率超过 99%。基层党组织在城市基层治理中的支持引导、桥梁纽带、组织协调、轴心防线功能不断凸显。另一方面，基层党组织软弱涣散现象和"基层悬浮化"问题也日益突出。推动组织下沉、资源下沉、力量下沉是党建引领基层社会治理的重要路径。近年来，浙江基层涌现出基层党组织把治理中心下移的实践创新，比如杭州、台州等地把党组织建立在城市小区中，打通了党建引领基层治理的"最后一公里"。在老旧小区改造等案例中，小区党组织很好地发挥了战斗堡垒作用。可以看出，党的政治建设与基层党建工作是紧密相连的，切实加强党组织对城市基层组织的政治领导显得格外重要。

三、维护党的领导的自觉性

党的十九届四中全会指出，我国国家制度和国家治理体系的第一个显著优势，就是"坚持党的集中统一领导，坚持党的科学理论，保持政治稳定，确保国家始终沿着社会主义方向前进的显著优势"。改革开放以来，"中国经济奇迹"和"社会稳定奇迹"被世界公认，这充分体现了党的集中统一领导所产生的制度效能。但是，不可否认，部分基层党组织在对党中央和上级党组织的政策制度执行上存在"做选择、搞变通、打折扣"等不良现象。政策和制度的生命力在于执行，基层党组织是政策制度贯彻落实的重要载体，因此，只有基层党组织自觉维护党中央的领导，才能不折不扣落实政策制度，才能把党的领导的制度优势转化为治理效能。

四、联系服务群众的紧密性

工业化、城镇化、市场化的交织发展，使城市基层社会呈现出组织结构多元化、经济形态多样化、利益矛盾复杂化、人际关系疏远化等新特点，这些变化大大提高了城市基层社会治理的难度。这些新形势、新情况的出现，迫切需要充分发挥城市基层党建对城市基层治理创新的引领作用，推动城市基层社会治理体系和治理能力现代化，提升城市基层党组织的组织力和服务力。

如何在新形势下走好群众路线，增强联系服务群众的紧密性，是基层党组织政治功能的重要方面。近年来，浙江以数字化改革为抓手，以技术革命撬动自我革命，大大提升了群众获得感、幸福感和安全感。在人工智能时代，浙江省委省政府提出"党政机关整体智治"的理念，基层党组织不断探索"智能＋党建"的可行模式，打造了一批有亮点有特色的场景应用。从未来的应用前景看，智能技术在赋能基层党组织的自身建设和服务群众方面有着突出的优势，有利于基层政府实现"问政于民、问需于民、问计于民"的美好愿景。

第二节　社会治理功能

社区是党员生活的主要场所，党员依附于居住地而生活，使得社区党建可以在教育和管理党员的基础上对单位党建进行相应的补充，单位党建原有的社会功能一定程度上向社区转移，因而社区党组织被有的学者视为解决社会问题的组织载体。中央也强调要将资源下沉到基层以更好地建设基层，这充分说明了基层对于社会治理的重要性。基层党组织直接面对的是多元化而又碎片化的利益群体，因而注重社区党建的社会功能开发，党组织必须依托社会组织和社会成员之间的横向联系[①]，采用参与式的、服务型的管理模式[②]，回归政党的社会化。如2018年5月金华市出台《关于推进"基层党建＋社会治理"创新的实施意见》，提出相应的举措，充分发挥了党建引领基层社会治理的功能。

一、党建引领社会治理的基本逻辑

有学者以"楼宇党建"为例，梳理了基层治理与党建之间的关系："基层治理的社会功能主要是协调社会利益，楼宇党建的服务功能主要是形成良性的党群关系、党政关系，当利益协

[①]　梁妍慧：《从"行政化"到"社会化"——创新城市社区党建领导方式》，《理论视野》2012年第12期。

[②]　李友梅：《全面建设小康社会与社区党建创新——以迈向现代化国际大都市的上海城市基层社区为例》，《毛泽东邓小平理论研究》2003年第1期。

调与服务保障实现良性互动，就意味着两者之间功能互补，有效性就得到最大化发挥。"①要充分意识到社区党建对社区共同体生成的作用，不能仅仅将党建工作作为政党事务，还应认识到社区党建工作的社会功能，将其作为社会建设的一个组成部分纳入财政预算。转变基层党建形式、创新社区党建模式的表现，是基层党建有效利用政治资源，发挥政党社会功能的保证。

在西方国家，政客与官僚二者之间有明显的区别：政客更多承担选举的角色，并定期更换；而官僚更多承担决策执行的功能，相对较为固定，即使上层政客不停地变动，也能够保证国家正常稳定地运转。在西方的理论框架中，独立于政治的科层制主要承担社会治理的作用。而中国却与此不同，党需要在其中发挥一个引领作用，离开党的引领，社会治理不仅缺乏动力，而且难以始终保持正确的方向。最鲜明的例子是 2020 年新冠疫情的有效防治。新冠疫情暴发后，全国范围内各个社区迅速行动，形成了一张互相联动的大网，这一切都离不开党在其中发挥的积极动员与引领作用。

所以，中国特殊的国情决定了中国的社会治理不能照搬套用西方的理论框架。与西方的多中心治理理论不同的是，中国执政党毋庸置疑是社会治理的核心主体，社会治理离不开执政党在其中的推动作用。

"国家—社会"研究视角主要集中于"关系—功能—策略—技术"的连续性光谱，却忽略了中国由于国情不同而实行的人民当家做主的国家治理体系，其典型特征是集中统一的党政治理结构：在体制结构上是执政党与政府体系的"一体双轨"，在功能运行上是"政治"与"行政"的"双轨一体"。②所以，中

---

① 陈海燕：《"立体社区"：整体性推进商务楼宇党建的模式创新——以上海市黄浦区为例》，《党政论坛》2020 年第 6 期。

② 王浦劬、汤彬：《当代中国治理的党政结构与功能机制分析》，《中国社会科学》2019 年第 9 期。

国的社会治理不能简单地套用"国家—社会"的框架，应该建立符合国家实际的治理结构。党章中明确强调中国共产党的领导是中国特色社会主义最本质的优势，中国复杂的社会环境意味着社会治理离不开党的坚强领导。党的初心和使命决定了党是代表人民群众最根本利益的，这决定了党能超越各种社会利益主体，保持自身的独立性，不存在一些西方国家内部垄断利益集团利用自身的影响力来使国会通过符合自身利益的议案或决策的现象。相反，在我国，利益集团很难有渠道来干扰中央政治局的决策。党的这种超越性和独立性保证了整个社会治理过程始终能够坚持正确的方向，即服务社会和民众的整体利益。

在具体的实践逻辑中，中国共产党作为执政党，能通过党的全面领导，使政府体系更好地实施党的决策。中国共产党的宏观决策与指导，结合科层制执行效率，得以形成具有系统性的治理结构。但是党建引领社会治理过程中，一个值得注意的问题就是要避免党包办所有的事务，明确党应该起到指引方向的作用，而非包办一切，否则将会损坏党的领导能力。所以，未来党建引领社会治理，在维护社会秩序的同时也应注重培育社会的自我管理能力。

二、基层党建引领社会治理存在的现实困境

（一）思想层面

党员是城市基层党建的重要主体，社会治理需要他们发挥积极的引领作用，但现实情况是一些党员对社会治理创新的意义和重要性认识不够，反映在具体实践当中就是对社会治理方面的工作很难做到积极作为，如此必然会影响基层党建的工作质量，使得基层党建工作难以对社会治理起到引领作用。党员认

识不到位的问题还会使党建工作流于表面、党的工作与社会治理有一定脱节、党建与社会治理难以进行深度融合等状况。

（二）工作方式

虽然有些基层党员认识到党引领社会治理的重要功能，但是其工作方式没有能够根据现实情况进行及时的改革创新，导致党建引领社会治理的功能得不到有效发挥，社会治理工作的效率降低。因而，在党员思想的教育上需要与时俱进，创新工作方法，通过党建层面的创新来引领社会层面的创新，只有这样才能更好地回应时代的发展需求。除此之外，一些党员不能够及时学习关于国家社会治理的最新政策和理念，不能深入分析现代社会基层党建的具体形式及其与社会治理之间的密切联系，说明相关的培训工作需要进一步加强。

（三）专业人才缺乏

在社会问题多元化和复杂化的大背景下，基层党建与社会治理离不开各种人才在其中发挥重要的作用。但是现实情况是，基层党建面临的一个不可忽视的问题是缺乏相关专业人才，这会导致社会治理中一些专业性的问题难以得到及时有效的解决，在一定程度上表明人才吸纳工作以及工作人员的技能培训需要进一步加强。基层调研发现，目前社区党组织中的老年人党员占比较高，有些地方老党员的比例超过一半。老党员虽然具有经验丰富等优点，但是年轻党员相对而言更有活力，能够根据现实情况的变化及时调整自身的工作方式。因此，未来可以适当提高年轻党务人才的比例。

（四）群众参与力度不够

社区居民是城市基层党建的重要主体，社会治理离不开群众在其中贡献自己的智慧和力量。但是关于群众参与社会治理的具体制度规范尚未建立起来，不仅参与的广度，即参与事务的数量与参与的人数有限，而且参与的深度也有限。群众对决策的最终结果影响较小，加上群众参与社会治理过程中对具体权利与义务不甚明了，这些都在一定程度上降低了民众参与社会治理的积极性。

三、城市基层党建引领社会治理的具体路径

（一）扩大党组织覆盖面

党组织可以起到弥补社会缺位的作用。中国共产党一直注重自身的组织建设，但是现在面临党组织的覆盖领域以及党组织在国企、高校等领域边缘化的问题。党建引领社会治理的重要前提是扩大党组织的覆盖面，党组织如果不能做到应有的覆盖就会导致基层乱象难以得到有效解决，因为各种社会主体之间缺乏一个权威性主体，而党组织自身的权威性正好适合扮演这一重要角色。除了弥补主体缺位的问题，扩大党组织的覆盖面也是为了更好地服务群众，使基层党员能够扎根于群众之中，了解民众的具体诉求。

边缘化实质上是覆盖深度的问题。在扩大党组织覆盖面之后，应该思考覆盖的深度问题，强化党组织在各种领域的功能。进一步讲，整合各种党建资源，包括街道党工委、社区大党委、网格党支部、居民党小组等，形成各级党建联动的体系，尤其将一些分散的党员整合起来，真正凝聚各级党组织和所有党

员的力量；明确各级党组织的职责，并进一步落实到具体的人
员，强化各级党员和各级党组织的职责，激发其履职的积极性。
2020 年 1 月 5 日颁布的《中国共产党党和国家机关基层组织工
作条例》和《中国共产党国有企业基层组织工作条例（试行）》
一定程度上说明党组织的覆盖面真正有所扩大，意味着社会治
理将形成全新的治理格局与发展前景。

（二）创新党建引领基层治理的具体机制

如今，科学技术的发展越来越迅猛，社会治理过程中面临的
问题也越来越复杂，仅仅依靠党建传统的思维方式和工作方式
是不够的，是难以适应外部环境变化的。需要指出的是，过去
主要采用全面控制的方式来管理社会，这种单一的方式必然导
致社会活力的丧失。虽然经济社会已经发生了深刻的变化，但
是一些党组织依然保留过去的思维方式，导致在处理民众矛盾
等问题的方式上过于单一，不能综合运用各种手段，如经济手
段、法律手段等，难以做到从民众的角度来考虑问题，导致办
事效率降低，从而引起民众的不满。中国国土面积广袤，不同
的城市基层党建会面临不同的发展问题，服务的对象也有相应
的差异，应根据当地的实际情况，建立起符合当地发展情况的
基层治理机制，提高服务的质量和水平，注重在实践中探索和
创新，避免"一刀切"的做法。与此同时，党建也面临形式主
义和官僚主义等传统问题的困扰，应该通过创新的方式来解决
此类问题，提升党建工作的效率。

（三）注重培育社会力量

进入新时代之后，新的社会矛盾的解决离不开全体民众的参
与，仅仅靠党员干部是远远不够的，需要凝聚民众的智慧和力

量，所以在党建引领社会治理的过程中应注重社会力量的培育。"社会组织参与、公众参与逐渐成为多元协同过程中的活跃组织要素，进一步激发了我国社会体制改革围绕公共产品配置而进行了一系列制度安排，旨在建立由社会管理体制、基本公共服务体系、现代社会组织体制、社会管理机制组成的中国特色社会主义社会管理体系。"①当前的治理更多是一种权威治理，这是社会多元化的必然选择，与之前单位社会是完全不同的。党建引领应注重权责边界，党组织应该扮演领导核心的角色，首先要进行社区的政治整合，维持基层的基本秩序，在此基础上积极地引导社会，尤其要增强各种社会组织和社区居民的自我管理能力，最终形成共建共享的治理格局。所以，这在一定程度上为党建引领社会治理提供了不同层次的目标以及大致的方向。总的来说，我们国家的社区党建虽然能够起到维护社区秩序的作用，但是在培育社会力量方面需要进一步加强，未来需要进一步激发社会的活力，从而形成"共建共治共享"的格局。

---

① 蒋卓晔：《党建引领中国社会治理的实践逻辑》，《科学社会主义》2019 年第 2 期。

第二节　公共服务功能

一、党建与城市基层治理公共服务功能的联系

（一）公共服务的内涵与定义

关于"公共服务"一词，学者陈振明教授在其著作《公共服务导论》中做出两种相关解释：第一种是指官方政府部门基于自身特定的公共利益价值，如政治权利、慈善属性、社会正义价值等，通过充分利用官方权威资源等手段去贯彻落实公共政策，以这种方式回应公共社会的公共需求，从而在根本上提升人民群众社会福祉的体验感。陈振明教授认为开展公共服务工作是各级政府部门及其相关的行政部门在广大人民群众的公共服务需求中寻找正确的合法性。第二种是指人民政府及其相关的公共部门向社会及公众提供或投放适量的多元化形态的公共物品，通过上述服务方式满足社会民众对公共物品和公共服务的需求。①

---

① 陈振明：《公共服务导论》，北京大学出版社 2011 年版，第 13 页。

（二）党建与公共服务的关系

党的十八大报告中多次做出关于不断推进党建在城市基层公共服务中党员队伍建设的重要决策部署，着重强调要以服务基层人民、联系群众工作为党的核心任务，将党建工作深化并延伸至城市基层治理领域中，进而做到更好地深入开展基层公共服务。[①] 需要指出的是，当下如何正确认识党建在我国城市基层治理工作中公共服务功能的基本内涵及重要性，并逐步深化党建工作的公共服务广度及深度，成为现阶段应深入探索并不断创新的重要研究课题。

在能够提供城市基层公共服务的多元化供给主体中，各级基层党组织必然是核心供给主体，其能够发挥自身思想政治核心和组织领导核心的重要作用，在公共服务各项工作开展的全过程中具有独一无二的思想建设优势、组织领导优势和政治引领优势。

现阶段，强化党建公共服务功能的基本认识需进一步厘清，在加快提供公共服务的发展过程中也应以为广大人民群众服务为主要导向，逐步打造惠民、便民的党建城市化基层公共服务生态圈。应优化服务组织机构设置、精确服务功能定位、创新服务内容分配机制、扩大服务内容覆盖面、提升服务品质。根据当前新机遇、新挑战、新实践的发展要求，不断深化革新党建工作的相关知识内容，以主动适应社会群众的各种刚性需求变化，带动城市基层公共服务良性且均衡发展。

[①] 胡锦涛：《坚定不移沿着中国特色社会主义道路前进　为全面建成小康社会而奋斗——在中国共产党第十八次全国代表大会上的报告》，《人民日报》2012 年 11 月 18 日，第 1 版。

二、党建公共服务功能内容

（一）公共文化服务功能

就广义而言，公共文化服务是指由各级政府及其相关主管部门统筹主导，并发动各类社会主体的丰富资源广泛参与，以有效满足广大人民群众的公共文化服务需求为导向，面对各类社会成员的不同类型的公共文化服务。公共文化服务的主要作用，不仅可以回应人民群众对精神文化生活的基本需求，而且可以直接影响城乡居民群众的思想素养水平、社会价值观念的不断发展，进而影响整个公民社会的发展。

党建在城市基层公共文化服务中始终发挥重要的引领协调作用，在公共文化服务过程中，党员及其工作人员需要发挥自身的主心骨作用，积极推进基层公共文化服务结构性制度改革。在深入了解社会基层民众的公共文化需求基础上，通过创新升级文化工作管理机制、改善公共文化服务内容等多种形式，提高文化服务工作效能，开展各类型具有党建工作特色和文化教育性质的活动，并以高文化活动开展频率和高社会民众活动参与率，提升人民群众对党建引领公共文化服务工作的满意度，以党建为动力引擎加快推动我国基层公共文化综合服务体系实现高水平、高品质健康发展。

党建为公共文化服务提供强大的精神力量支持。党员可以自觉地发挥先锋模范作用，在城市基层文化建设过程中，可以从社会主流意识形态、先进的思想观念、科学的理论知识等多个方面给予积极的影响和正确的引导，从而使得社会群众意识形态逐步向健康发展。党建为公共文化服务提供科学的治理经验指导。党建工作是社会发展的风向标，能够依据丰富的工作经验和科学的理论知识，在契合政府工作要求和社会发展趋势的前提下，修正并完善当下工作的发展目标和路径，并从多元角度引导公共文化建设的价值观树立、未来发展规划等。推动党员及文化工作者融入公共文化服务工作全过程，加快构建党建引领的文化服务体系，是保障社会成员基本公共文化权益、深入实施文化惠民工程的必然选择，是助力建成社会主义文化强国、提升我国文化软实力的关键举措。

在公共文化服务工作中，应以党建为引领、文化为直联，并采取多维度工作措施，利用党建工作的引导和规范作用，发挥其本身独特的服务价值；健全公共文化服务供给机制，创新文化活动内容及形式，扩大公共文化的活动范围和覆盖面，进而以优质的基层党建文化服务，提高社会成员参与基层文化服务活动的幸福感和满足感。

（二）公共卫生服务功能

基层公共卫生服务是加快构成医疗卫生服务体系不可缺失的一环，是满足人民群众公共卫生需求的必要方面，是精确衡量城市基层公共卫生医疗服务质量和覆盖群众面积的重要标准。需要特别指出的问题是，现阶段，在基层社会发展质量和人民生活品质提升的过程中，基层群众对公共卫生服务提出了更高标准的服务要求，加强和深化改进行业基层卫生医疗服务的党建引领示范作用成为发展的必然推进方向。

将党建贯穿于整个城市基层公共卫生现代化服务的全过程，能够充分发挥党员工作者密切联系群众的枢纽作用，实时关注社会民众的需求走向和变化趋势；同时能够充分发挥基层党组织核心领导作用，着力解决基层公共卫生服务落实不到位、医疗资源配置不均衡等突出问题。党员及其卫生医疗服务工作者的参与，对助推我国城市基层卫生服务综合改革发展有着十分重大的作用。

目前，我国城市基层公共卫生服务中，党建工作普遍存在考核机制与奖励机制不完善、创新意识缺失等问题，主要体现在以下几方面：一是党建工作者素质阻碍服务质量提升。公共卫生服务是一个以专业性和技术性为主要服务业态的工作，加之基层卫生服务的规模不断扩大，对党建卫生工作者的服务水平提出了更高的要求。需要指出的是，当下参与城市基层公共服务的多数党建工作者，专业素质不达标，缺乏定期的理论知识学习和专业技能培训，其公共卫生服务实践过程中易出现工作失误等情况。二是党建传统服务模式阻碍工作机制创新。当前，参与基层公共卫生服务的党建工作者人数较少，加之受资金、人员、经验等因素影响，党建参与公共卫生服务相关工作的落实过程易受到阻碍。此外，传统的工作模式难以适应现代社会与日俱增的公共卫生服务标准和要求，工作机制的矛盾和弊端也暴露得越来越多元。三是奖励考核制度的缺失降低了工作效率动能。公共卫生服务工作运行机制、奖励驱动、绩效评估和制约监督制度的缺失，使得日常工作缺少可量化的考核指标和驱动化的奖励目标，未能充分激发党建人员的工作积极性。

基于此，应充分发挥基层公共卫生服务中党建的领导作用，以提升公共卫生服务品质为导向，推动内部工作运作机制改革发展；转变发展思想，创新服务意识，深入学习公共卫生服务的理论知识，加强医德医风和行风建设；加强干部队伍管理和人才培养工作，强化党建工作部门和人员配备，致力于把党员培养成医疗、治理、科研骨干；落实考核与监督机制，完善绩效奖励制度，深化党建工作在公共卫生服务中的实效性和服务性。

（三）公共法律服务功能

公共法律服务是指以政府和相关职能部门为主导，面向广大人民群众提供的一系列基础性法律服务。加快构建党建引领的公共法律服务工作机制是提高全民法治素养水平的必要引擎，是破解群众矛盾纠纷、化解难题的关键效能，更是有序推进依法治国的基本保障。

在党建加速提供基层治理公共法律服务内容的过程中，坚持党建先行，全方位整合推进公共法律服务，能够统筹分散的法律服务资源，发挥党员工作者的先锋示范作用，探索公共法律服务的深度和广度；坚持党建引领，宽口径融合推进公共法律服务，提供卓成有效的新思维，能够保证公共法律服务与基层治理工作有机融合，从而使得基层治理焕发生机活力。

近年来，我国各级基层党组织在推进公共法律服务工作的过程中，不断扩大了法律信息化服务、矛盾纠纷调解、法制宣传、法律援助的范围，公共法律服务的覆盖面进一步扩大和延伸。党建的基层公共法律服务功能主要体现在以下三方面：

一是健全"综合性"法律服务体系。在完善公共服务体系方面，要以党建为引领，将基层党员律师的法律专业素养和模范作用有机结合，不断深化服务长效机制，拓宽法律服务渠道。在丰富公共法律服务内容方面，党建工作者和党员律师有效创新日常全民普法等相关活动的策划形式，升级服务内容思路，聚焦于群众关切、着眼于群众所需，着力于打造公共法律服务的代表性特色项目。在规范内部管理机制方面，第一个重点是打造层次丰富的服务队伍，加强具有系统性、针对性的法律业务培训；第二个重点是研究制定并组织实施一套可量化的公共法律服务标准，通过标准化、规范化的考核评价方式提升公共法律服务的效能和质量。

二是打造"一站式"法律服务平台。一站式法律服务平台应集法律知识咨询、矛盾纠纷调解、普法宣传等多种功能于一体。在现阶段的发展趋势中，党建将致力于提升基层法律服务的智能化、专业化、信息化服务水平，利用服务平台可以实现全业务随手可查、全时空随时可知，面向社会成员提供"一站式"综合性的公共法律服务，用便捷高效的公共法律服务不断提升服务对象的满意度和覆盖率。

三是化解"多元化"基层矛盾纠纷。矛盾纠纷化解始终关系人民群众的切身利益和社会的稳定和谐，加之社会的快速变革给人们带来更为多元化的矛盾纠纷，群众对纠纷化解的诸多专业性和复杂性问题提出了更高的前瞻性要求，如何以基层人民群众为中心将矛盾纠纷有效地化解在基层，进而创造更高智慧的"解纷"模式，成为当今我国基层治理工作中必须着手破解的一个重大难题。应以"党政动手、依靠群众、预防纠纷、化解矛盾"的枫桥新调解经验为抓手，推动调解制度的创新，构建多元调解单位一体化联动的工作和服务体系。

第四节 社会整合功能

一、当前党组织整合社会面临的挑战

改革开放之后，城镇化范围不断扩大，治理问题也不断凸显且不断复杂化。随着改革开放的推进和单位制的解体，城市社会"去组织化"趋势愈演愈烈，这导致社会的基层治理更难被组织与动员，并难以形成信任合作的互动关系。[①] 以住房分配为核心的单位制逐渐解体，演变成现在的以商品住宅所有权为主要准入门槛的社区制。这种演变带来的结果是社会的"去组织化"，如城市社区中社会资本的下降使得人与人之间的互动频率与信任度下降，人们参与公共事务的积极性不高。社会结构转型意味着新的利益格局形成，不同的阶层和群体存在不同的需求，过去主要采用的国家体制内的社会整合越来越难以适应社会利益多样化发展的现状以及市场经济的快速发展。党组织在整合过程中也面临一系列挑战。

（一）基层党组织建设弱化

在整个社会经济大潮的背景之下，党员个人和组织建设也受到外界利益格局变化的影响。比如，有些党员利用掌握的信息

[①] 崔月琴、袁泉：《社会管理的组织化路径——社区民间组织的"均衡化"发展》，《社会科学战线》2011 年第 10 期。

和权力来为自己谋取不正当的利益。党的十八大之后，很多贪污的干部受到了应有的法律惩罚，除了基层干部之外，有些甚至是副国级干部，从中可见贪腐范围之广。除此之外，党员在市场竞争中为了获得相关资源和机会，容易受到市场原则的影响，使个人利益凌驾于整体利益之上，导致出现贪腐问题，有损党组织的权威形象。党中央也一再强调构建"亲清"政商关系，金钱与权力之间一旦相互结合就会出现"寻租"现象，最终损害的是民众的利益。所以，在协调利益关系之前，需要党自身保持思想的统一，避免党组织出现部门利益和本位主义等现象。党如果不能在社会各种利益关系中保持中立，就很难协调好社会各种利益关系。

（二）党的群众基础发生变化

陆学艺以职业为基础，参照经济资源、组织资源以及文化资源的拥有情况，划分了十大社会阶层，并指出了中国社会阶层结构变迁的两种趋势："一种趋势是以中产阶层加快崛起为特征，社会阶层结构向通常人们所认为的现代化'橄榄形'阶层结构变动；另一种趋势则是社会阶层分化的加剧。目前来看，这两种趋势交织在一起，使得中国社会阶层结构变动表现出一定的不确定性与复杂性。"[①]这反映了社会利益结构的变化，虽然中产阶层的崛起一定程度上能够缓解社会不同阶层之间的紧张关系，避免了社会演变成阶层分化结构，即占据绝大部分利益的少数群体和在市场经济中被牺牲的大多数。中产阶层的出现一定程度上维护了社会稳定，避免了社会过于分化与撕裂。但是，社会的分化趋势依然很明显，这对于执政党来说是一个不得不关

---

① 陆学艺主编：《当代中国社会结构研究报告Ⅲ：当代中国社会结构》，社会科学文献出版社 2018 年版，第 429 页。

注的问题，因其关系到党的执政基础。市场经济在资源配置中
具有很大的优势，我们国家也越来越强调市场在资源配置中的
决定作用。资源配置方式的改变，意味着新的利益结构的形成，
出现了各种新的社会阶层，如私营企业主等，如何协调各种社
会阶层之间的利益关系是一个巨大的挑战。

（三）利益关系多元化

现实社会中利益诉求的多元化是党整合社会过程中必须破解
的难题，社会利益关系的和谐与平衡关系到社会的稳定与发展。
党在协调利益关系的过程中主要面临着以下问题：随着平均主
义和大锅饭现象被改变，以按劳分配为主体、多种分配方式并
存的分配制度在促进经济发展的同时扩大了不同阶层之间的差
距，且不同阶层存在不同的利益诉求，底层居民只希望拥有基
本的生活条件，而处于中等收入状态的群众，即所谓的中产阶
级，他们除了较高的生活条件之外还会寻求更好的生态环境和
人文环境。所以这意味着党在协调各种利益之前需要了解各个
群体的具体利益诉求，采取多种方式，否则只会照顾到某一阶
层和群体的诉求，而牺牲了其他阶层和群体的利益。物质生活
水平提高的同时，人们在各种行业和领域中需求越来越多样化，
人们会寻求更高层次的精神生活，而不再停留在过去单一的物
质追求上，这使得使用行政手段来调和各种利益关系越来越不
现实。

总的来说，社会形成了新的利益格局。市场经济奉行多劳多
得的原则，在激发生产活力的同时，也造成了社会利益的失衡；
不同群体、阶层以及地区之间存在利益冲突和价值多元化现象，
这对社会的稳定和秩序构成了挑战。如果政党对社会不加以整
合，各种利益主体很可能会陷入矛盾和冲突之中，从而导致社
会的分裂与分化。所以，未来中国可能需要调整社会结构，执

政党需根据社会多元化的现实情境建立相适应的整合机制。

二、当前城市党组织社会整合的主要内容

从中华人民共和国成立以来，国家与社会的关系一直是中国政治的重要关系，也一直经历着演变，党不断通过各种方式来动态地调整国家与社会之间的关系。进入新时代，国家与社会关系依然很重要，我们党面临复杂的国内外环境与执政环境，需要凝聚社会和民众的力量，这自然意味着党需要利用自身强大的组织性和权威性来对社会进行整合，从而打破社区一盘散沙的状况。从长远的角度来说，党对社会的整合能够实现党的政治领导与城市治理的良性循环，有利于实现社会治理现代化，而这一切离不开党的坚强领导，党需要在这个过程中发挥更积极有为的角色。一般而言，党组织的社会整合功能主要包括以下三项：

一是利益整合。利益关系在社会关系中处于核心地位，这决定了利益整合在社会整合中处于核心地位。而政党可以利用自身的权威在利益关系整合中发挥积极的作用。改革开放以来，新的利益格局正在形成，社会群体多元化的诉求也给党联系群众带来了难度；民众的诉求、生活方式以及价值观念的多元化也给党建工作带来了一定的挑战。在新的时代背景之下，政党如何发挥利益整合的功能直接影响其执政合法性。因此，在利益整合的过程中，应充分利用协商的方式，在协商的整个过程中不断进行利益整合。在协商之前，应该围绕居民普遍关心且与利益密切相关的社会治理事项设置相关议程；在协商过程中，要保证程序的公开公正，避免相关组织利用自身强大的话语权或者资源来谋求不正当的利益，使协商过程能够有助于各主体形成互动，达成一个各方都能够妥协甚至满意的结果。

二是结构整合。基层党组织和社区居民是社会治理的重要主

体，除此之外，社区居民委员会、业主委员会等组织和部门也是基层社区治理的重要主体，应该使其共同参与到社会治理当中。各个主体通过社区换届选举、公共事务的管理形成特定关系网络。而党组织可以依靠党建联席会议等组织网格形式，将社会资源统筹起来，同时也可以利用这些资源来为社区服务，并进一步构建社区中非正式的关系网络。

三是价值整合。在社会的各种思潮中需要主流意识在其中发挥积极的引导作用，否则社会思想容易混乱，且主流意识形态对聚集社会关系具有重要的作用。共同兴趣和价值观是城市居民社会关系形成的重要基础。[①] 除此之外，价值观念的统一自然也有利于维护共同体的秩序；价值观念不同尤其是价值观念存在冲突的共同体很容易走向解体，必须在一定程度上通过相应的规范行为来缓和这些冲突。在整个社会多元化的大背景下，社会基层更需要加强政治认同、遵守共同的规范，保持对主流价值观的认同，唯有如此，才能维持基层秩序。

三、嵌入式整合：政党整合社会的主要路径

无论西方发达国家的政党还是发展中国家的政党，只有顺应社会的发展变化，执政党才能有效地进行社会整合，所以执政党调控社会的方式应随执政环境的变化而变化。中华人民共和国建立以来，中国共产党积极地进行了自我角色转换，以适应执政环境的变化。进入新时代之后，中国共产党更是根据客观环境的发展变化及时进行自我调适，以在最大程度上适应社会，从而不断巩固党的执政基础。

---

① 李慧凤、蔡旭昶：《"共同体"概念的演变、应用与公民社会》，《学术月刊》2010 年第 6 期。

（一）空间整合

中国共产党一直具有宏大政治空间的观念，其政治空间观念随时代发展和社会变迁而不断调适。空间反映着国家与城市中不同社会主体间的权力关系，同时，空间的边界规定着社会与国家的关系；空间整合是实现城市发展和国家治理的一种有效方式。因此，随着城市化的快速演进，城市中的政治空间重构成为党组织整合社会的一种重要路径。近年来，党中央发布的《关于加强和改进城市基层党的建设工作的意见》明确提出，要综合各地区位特点、人群特征、服务半径等因素，整合党建、政务和社会服务等各种资源，统筹建设布局合理、功能完备、互联互通的党群服务中心。党群服务中心是基层党组织整合社会的一个重要空间载体，同时也是基层党组织有效服务和连接社会的一个重要窗口。

（二）组织整合

嵌入是整合的基础，要实现对社会多元主体的整合，党组织必须要有自己的"抓手"，组织嵌入、人事嵌入是党组织整合社会力量的两种基本路径。组织嵌入作为一种结构性嵌入，是党组织实现引领功能的坚实基础。这种嵌入式治理是一个从无到有、从弱到强、数量规模（量）和交往联系（质）互相促进的多层次过程。[①] 不同利益相关主体在交往中学会了交流，也学会了互相妥协和换位思考。从长远来看，基层党组织社会各群体的交往越密集，越能在社会网络中获取影响力。人事嵌入作为一种关系性嵌入，

---

① 程熙：《嵌入式治理：社会网络中的执政党领导力及其实现》，《中共浙江省委党校学报》2014 年第 1 期。

通过参与人的社会网络互动对组织其他成员产生认知、信念、价值以及行为等多方面的影响。人事嵌入能够将党员引领服务的认知也嵌入基层社会治理中，并形成一种稳定的群体意识，推动组织共同维护关系，在互动中催化融合与升级。[①]

（三）制度整合

社会制度有两种形态，即演进主义的内生秩序和建构主义的外生秩序。正如哈耶克所指出的，"内生秩序是社会群体在长期的交往与互动博弈中自发产生的一种内在规则，并通过人类的集体学习和模仿机制不断地延续和演进"[②]。从上述定义可以推断出内生秩序的形成是一个漫长的过程。此外，贺雪峰教授认为，内生秩序"是以相对自主的地方性规范及相对自主的地方性自治组织的强有力存在为前提的"[③]。而在后单位制时代，随着城市化的快速推进和单位制的解体，基层社区流动性不断增强，重组的社区关系呈现原子化、割裂化、松散化的状态，这就消弭了内生秩序形成的前提条件。由此，外生制度的嵌入与整合是党建引领多元主体协同共治的必经之路。但是，规则的嵌入和整合过程需要给社会内生秩序的形成留有空间和余地，即制度的柔性整合，不只是通过规范和制度对社会进行机械整合，更是通过信念、信仰和政治影响力对社会进行有机性的深度组织和整合，以"将心比心"的情感治理模式激发独特情感力量[④]，

---

① 刘蕾、邱鑫波：《社会组织党建：嵌入式发展与组织力提升》，《北京行政学院学报》2019 年第 6 期。

② 哈耶克：《自由秩序原理》，生活・读书・新知三联书店 1997 年版，第 61—67 页。

③ 贺雪峰：《中国传统社会的内生村庄秩序》，《文史哲》2006 年第 4 期。

④ 唐亚林：《人心政治论》，《理论与改革》2020 年第 5 期。

其本质上是对人力和人心的有机整合，这种整合直接构成了党实现领导核心的社会基础①，也构成了党巩固和获取"人心政治"的重要途径。

———————————

① 林尚立:《党、国家与社会：党实现领导核心作用的政治学思考》,《中共天津市委党校学报》2001 年第 1 期。

第三章

大流动时代

浙江党建引领城市基层治理的理念创新

　　理念是行动的先导和指南。当前城市基层党建面临新的发展形势和发展挑战，这就要求城市基层党组织突破旧有的固定思维和既定看法，以新的视角、新的思维和新的观念去引领城市基层治理。在治理主体上，突破基层党组织单兵发力的思维局限，树立党建引领多元共治的理念；在治理方式上，突破碎片化治理的思维定式，树立系统集成的整体治理理念；在治理场景上，突破封闭孤立的治理模式，形成开放包容的治理场景。本部分重点对新形势下城市基层党建理念创新的时代价值和现实回应进行提炼总结。

第一节　从单兵发力到多元协同

一、理念创新的推动力量：党的领导与基层治理

　　理念是行动的先导与指南，城市基层治理的未来走向首先可以从治理理念的转变与创新中窥见。从根本上讲，城市基层治理的理念扎根于城市基层，来源于基层治理实践，治理理念创新和基层实践是紧密关联而又相互影响的两个方面。在如今风云变幻的社会环境与城市基层治理的不断发展变革之卜，治理理念作为驱动基层治理向前发展的深层力量，在很大程度上决定了基层治理的前进方向与深化路径。同时，基层是社会治理过程中的基本单元，作为国家与人民群众联系最为紧密的地带，基层治理的质量和成效是公众对党和政府工作的评价与满意度的参考因子，亦是直接影响群众生活幸福感的关键因素。因此，在新时代的背景下，如何创新基层治理理念并改善城市基层治理已经成为一个无可回避的重要命题。

　　聚焦近年来的城市基层治理实践，在社会风险因素不断积累以及不确定性持续增加的背景下，面对人民群众生产生活时常遇到难题与障碍的情况，中国共产党的领导成为突破困境的关键依靠，在党的有力领导与统筹布局下，基层治理不断取得新成果。毋庸置疑，新时代的城市基层治理需要党的领导，需要以党的建设的伟大工程引领基层治理创新，尤其是要充分发挥基层党建的引领作用，在党的建设过程中更新并传播科学理论

与先进思想，以此夯实国家治理的基层基础，加速社会治理现代化的进程，最终增进广大人民的福祉。换言之，党的建设是基层治理理念与实践创新的指路灯与牵引力，是新时代城市基层治理变革与发展的核心引领力量。

事实上，城市基层治理中党建的引领地位与治理理念的创新也可以从党的重要报告和有关部署中寻得支持性依据。党的十九大报告中指出，要"完善党委领导、政府负责、社会协同、公众参与、法治保障的社会治理体制"。这一社会治理体制是中国特色社会主义国家治理体系的重要组成部分，也是我国社会治理的基本体制。其中，党委领导是关键，社会治理体制的活力迸发离不开党委的带领和指导，党建引领应当转化为新时代社会治理的突出优势，在基层社会治理中长期发挥正面作用。同时，社会力量也受到鼓励参与治理活动，通过各主体间的协调合作推动形成基层治理的多元共治格局。在这一过程中，坚持党建引领是保证基层治理走正道、有效率、高质量的基本前提，亦是基层治理能力与水平提升的根本保障。党的十九届四中全会明确提出建设"人人有责、人人尽责、人人享有"的社会治理共同体理念，这一论述为新时代社会治理的优化与创新指明了方向，强调了社会成员在治理活动中的主体地位，意在表明社会成员也承担着社会治理的责任，应以积极态度主动参与其中，由此才能更好地共享发展机会与社会治理成果。建设社会治理共同体，其核心要点在于，注重党建引领作用以及强调基层自治，在城市基层治理的语境下，则表现为构建以基层党组织为核心，群团组织为纽带，各类社会组织为依托的基层群众工作体系，以深化改革为优化基层治理体系与治理能力的动力，以党建的影响力最大限度地集合群众力量并将之有效地组织起来，弥补短板缺陷，增强薄弱项目，坚持协商共治的工作准则，维持各主体间的良性互动和内部有序性，把党的组织优势转化为治理优势，把制度优势转化为治理效能①，从而将基层治理推向新的台阶。

结合理论研究和浙江实践表现，党建引领基层治理的优势与特色已日渐鲜明，充分发挥党建引领作用以提升社会治理能力，已成为推进国家治理体系与治理能力现代化的重要一环。新时代在党的建设引领下推进社会治理创新是顺应社会现实的必然要求，而通过强化基层党建引领，则能为基层治理提供重要启发与指导，夯实基层治理的政治根基，瞄准正确的发展方向，保证基层治理"不脱轨"，并以自我革新、与时俱进的精神激励基层治理理念的创新，促使城市基层治理理念不断贴合并适应社会新形势，赋予创新型治理理念更强的现实回应性和更显著的价值意义。

二、理念创新的突出表现：多元共治下的统筹协调

党建引领下的基层治理理念创新首先体现在治理主体从单一向多元转变，政府开始意识到应当摒弃一贯以来独揽大局的做法，转而鼓励基层治理中自上而下的行政措施与自下而上的社会力量相结合的双向互动，发掘并培育社会多元主体的潜能，发展其作为城市基层治理的支持与补充性力量。

这一治理理念创新的生发根源可归因于传统政府角色的长期积弊，同时也受到了基层治理压力不断加重的现实因素的催化。在传统的社会格局之下，以政府为主体的行政力量是社会管理活动的主要"发力者"。长期以来，公共部门一直扮演着家长式角色，包揽大小事务，采取积极措施调解社会矛盾，指导和管理着社会生活的方方面面，政府的这一行为作风逐渐固化其思

---

① 川组轩：《聚焦聚力推进城乡基层治理》，《中国组织人事报》2020年5月20日，第1版。

想惯性，塑造出了独当一面的"全能政府"形象。但政府实力与精力的有限性必然会限制其管理成效，加之机构膨胀、人员冗余等难以克服的矛盾会拖缓政府行动节奏，造成办事迟滞、效率低下等问题，行政工作中暴露的多重矛盾昭示着政府转型势在必行。除传统行政体制弊端的制约外，当下基层治理的事务数量与复杂性急剧上升，与此同时，社会公众对公共产品与服务的需求及其质量要求也不断提高，繁杂的现实因素日益增多，意味着传统的以政府作为单一主体的社会治理体系已无法适应当下实际。以上因素对城市基层治理提出了新的要求，由此加速了城市基层治理的变革，也推动了从单一主体向多元主体转变的基层治理理念的创新。此外，结合近年来的行政体制改革背景，随着转变政府职能、建设服务型政府、"放管服"等系列改革的不断深入，政府的职能内容与角色担当也在持续变化，发展"有限政府""服务型政府"已成为政府当下与未来的角色定位。这一转变也相应地对政府的基层治理理念产生了影响，促使其在反思原有治理格局不合理之处的基础上，逐渐生成了治理主体多元化的意识，开始突破自上而下的政府单向主导格局，尝试探索构建上通下达的双向互动模式，包容社会多元主体的参与，通过行政力量的有限度运作以及社会资源的有效整合与组织，形成破解城市基层治理难题的合力，由此呈现出治理主体多元化的趋向。

除此以外，公民社会的不断成长壮大放大了这一理念创新的灵感，为城市基层治理主体的多元化转变提供了动力与基础，使得基层治理从以单一公共部门为主向政府主导下的多元社会主体共同参与转变具备了合理性。随着对公众参与基层治理的支持与鼓励，第三部门与政府之间的合作关系得以构建，这为多方主体的专业特长或信息优势的施展留足了空间，有利于推动城市基层治理格局向多中心协同共治发展。这一治理理念创新的优越性在于广泛吸收各方力量协助基层治理，使基层治理更贴近民众，更合理高效。在当前的社会治理情境下，来源于各个领域、不同层次的社会力量如雨后春笋般纷纷涌现，且其实力不断增强，政府虽仍是社会治理的主导力量，但绝非唯一主体，私营部门、第三部门、社会公众都开始成长为社会治理中的活动者，且在特定的基层治理领域中具备优于公共部门的办事能力。譬如：因为社会力量大都扎根于基层，其通常能够更直接准确地感知基层治理的问题与难点，掌握更充分及时的信息，这能够克服传统行政体制下政府与社会的信息不对称问题；又由于社会组织或市场主体一般具备某一领域的专业知识并拥有建设完善的技术人才和队伍，当这一条件置于特定的城市基层治理情境之中时，能够择优而用、各取所长，采取灵活多样的措施缓解治理困局，改善社会治理氛围，进而有助于降低行政成本和减轻行政压力，以更节约有效的途径提升社会治理的效益。

总体而言，城市基层治理理念中的治理主体多元化的创新灵感来源于传统行政体制的不便、当前社会的新需求、公民社会的力量萌发以及多元共治的潜在红利等多重因素，这些因素的共同作用催生了城市基层治理理念的创新。党的十八大以来，治理理念逐渐成为新时代社会治理中的一种理念导向。党的十八届三中全会将推进国家治理体系和治理能力现代化作为全面深化改革的总目标之一，并明确提出了"创新社会治理体制、提高社会治理水平"的要求，这是党的正式文件中第一次提出"社会治理"概念。从"社会管理"到"社会治理"的转变，表达了在社会领域全面推进国家、社会、市场之间合作共治的基本理念，标志着党执政理念的新变化。党的十八届五中全会首次提出了"构建全民共建共享的社会治理格局"的决策论断。近年来，不同地区在城市社区治理中也广泛开展多元主体共治的实践探索。但是，治理理念本身的缺陷以及理论与实践的差距，使得治理失灵现象难以避免。如何发挥多元治理主体的不同优势，并形成合力，有效实现"共建共享共治"的治理目标，成为破解治理失灵问题的关键点。党的十九大报告指出："打造共建共治共享的社会治理格局。加强社会治理制度建设，完善党委领导、政府负责、社会协同、公众参与、法治保障的社会治理体制，提高社会治理社会化、法治化、智能化、专业化水平。""党委领导、政府负责、社会协同、公众参与"这十六个字强调了社会治理中党组织的领导作用。因此，城市基层治理中治理主体多元化转变的理念创新需要党建引领作为"黏合剂"，同时，社会多元治理格局的未来长期建设与动态更新也不能脱离党的建设的作用，始终需要依靠党的领导和党建引领。城市基层治理中，政府的主导性地位并没有改变，长期以来形成的党建引领、政府主导的城市基层治理的基础已较为稳固，但政府主导应当与政府大包大揽区别开，政府对治理负有责任并不等同于政府需要全能担当，而是更多地在发展方向或基层治理的宏观布局等方面发挥统筹作用。但另一方面，在政府的主导下，扶持和引导公民社会的成长与成熟，开辟和构建社会成员或组织参与基层治理的通道和机制，持续更新并充实多元化的治理主体和先进的治理手段或工具，统筹社会多方力量共同投入基层治理，由此保障城市基层治理的可持续优化，也十分必要。

城市基层治理理念的创新突破了政府单向发力的传统格局，转而鼓励并包容私营部门、第三部门组织、社会成员参与到基层治理实践中。社会治理主体数量的增加，凝聚了更广泛的治理动力和更深厚的处事实力，社会组织和公众等社会力量犹如公共部门延长的触手，相应地增强了兼顾城市基层治理活动的多个领域和环节的能力基础。"全面统筹"的治理理念创新可从以下两大维度进行解析：第一，城市基层治理从行政权力主导的自上而下的治理动态逐渐转向上传下达、双向发力的运作逻辑，城市基层治理的力量来源不仅仅是政府部门，也可以是社会中的诸多主体，他们构成了基层治理中全面统筹得以实现的主体力量基础。多方面主体在基层治理中各居其位，在党支部协调、政府部门主导、居民参与的共同作用下致力于社会问题的解决，形成组织力量、行政力量与社会力量有机结合下的强大合力，通过条块结合、上下联动的方式实现基层治理向多方良性互动的转型。第二，"全面统筹"暗示着在多元共治的格局之下，政府、社会组织、公众等相关治理主体以及城市基层的各项事务都将被置于统一的规划之中，在此基础上通过纵揽全局的科学统筹安排、合理的资源配置，既能够充分发挥各类主体的优势，又有利于妥善处理各项事务，从而实现更为优良的治理成效。从城市基层治理的对象角度而言，这能够把原本处于公共视野边缘或政府无暇顾及的事务重新放进城市基层治理的工作安排中，极大地减少了基层治理中的疏忽遗漏与盲目应对的被动情形；就城市基层治理的多元主体来看，治理主体的多样化意味着更自由灵活的选择空间，面对不同属性与特征的各项事务，可经过理性分析和综合评估，选择最适宜的治理主体来承担相应的工作职责，譬如在社区的公共服务供给环节，通过政府购买服务引入专业社工组织，能为居民提供更优质贴心的服务，相比于单一的行政供给更能满足居民的个性化需要。由此可见，多元主体参与城市基层治理能起到弥补单一主体的弱势或不足的效果，即通过筛选和适时合作实现扬长避短的目的。从基层治理实践的举措来看，浙江各地矛盾纠纷调处化解中心的成立就是对"全面统筹"治理理念的一种形象体现，通过建设中心平台，对原有的若干个细分工作平台进行整合，在建成后的调解中心统一接待群众、统一化解矛盾，从而实现从基层治理的碎片化到全面集成、从被动反应到主动治理、从单向发力到多元统筹共治的转变，从矛盾纠纷化解这一层面诠释了基层治理理念的创新。

三、理念创新的内核：以民为本，服务为先

浙江城市基层治理理念创新的内核始终根植于对以民为本的强调和服务理念的重视，以人民群众为中心与以服务为导向是基层治理的关键特征，突破传统治理模式下政府部门的单向发力，是尊重社会治理主体、重视群众地位的体现，实现全面的治理则包含着向社会公众提供细致周到的公共服务的内在要求。因此，以民为本和服务为先将是城市基层治理无法绕过的一对关键词。

人民是基层治理的重要主体，是治理工作的实践者，也是治理成果的分享者。发展社会基层治理，其最终目标在于为人民谋利益、为中国谋发展，进而维护好最广大人民群众的根本利益。以人民为中心的发展思想是贯穿我国社会发展的逻辑主线，虽然社会治理格局不断变革，以民为本的理念却未曾磨灭。坚持人民主体地位是马克思主义科学实践观的本质要求，是马克思主义政党的根本政治立场，也是党领导革命、改革和建设不断取得胜利的基本经验。[①] 这与基层治理中的民本理念相契合，证明了基层治理坚持以民为本的必要性与合理性。因此，以人民为中心是基层治理理念的基本要素，清晰的以民为本的意识是城市基层治理理念的创新在这一维度上的体现。以民为本的理念创新在此可以解读为两个层面的内涵：一是基层治理为了人民，治理活动以公众利益为出发点，充分考虑公众的需求，使人民群众成为治理创新的最大受益者；二是基层治理的创新实践需要依靠人民群众的力量，有效发挥人民主体的能动作用。在这一理念创新的驱动下，浙江省城市基层治理实践中十分重视人民的主体性，充分尊重其地位并考虑其需要，基层治理的

---

① 王婷：《始终坚持人民主体地位，方能不忘初心》，《人民论坛》2016年第 25 期。

思想意识也从原本的"下面跟着上面干"逐渐过渡到"上面围绕下面转，各级围绕群众转"，时刻把人民和基层考虑在前面。在以民为本、社会力量协同参与的理念指导下打造"共建共治共享"的社会治理格局，实现社会管理与社会自治的统一，致力于提升人民群众的获得感、幸福感。

　　强调服务理念是社会治理理念创新的最终归宿，城市基层治理理念的创新蕴含着党委政府自我定位从传统的权威管理者到服务者的转换，党委政府的工作重心从监督管理社会事务向为公众提供全面细致的公共服务转移，通过树立并强化服务理念来满足群众的需求。就服务理念创新的具体内涵而言，首要的是加强公共服务和公共产品的供给，可以借助社会主体的力量，满足公众在政治、经济、文化层面的需要；其次则要注重公共服务的质量，摒弃简单粗放式的服务，转而推出精准化、精细化的服务，充分考虑到公众的实际需求与服务体验；最后还要转变提供服务时的态度，将"等着群众找着办"转变为"服务群众上门办"，提高公共部门的服务意识和服务主动性。以优质的公共服务奠定城市基层治理的基础，获得民众的认同感，推动城市基层治理的深入发展。回顾社会基层治理的屡次改革尝试，其最终的落脚点皆在于更好地服务于人民群众，这既是对中国共产党"全心全意为人民服务"宗旨的回应和践履，也是从现实层面真正实现提升人民群众的幸福感、获得感、安全感工作目标的重要一步。近年来，党建引领下催发产生的从单向发力到全面统筹的城市基层治理理念的创新也遵循了这一逻辑，通过构建多元主体统筹治理的格局诠释以民为本、服务为先的城市基层治理要求的内核。

第二节　从碎片作战到系统集成

一、理念创新的来源：党建引领下的整体性思维

在传统的城市基层治理中，由于行政部门掌握着绝对的话语权，而社会主体在治理活动中的地位尚不明确，各主体之间的有效互动关系暂未建立起来，因此各方力量分散地游离于社会治理工作的边缘，以至于在实际治理行动中较少出现多主体的合作式举措。大多数情况下，各主体在各自领域范围内展开交流合作活动较为鲜见，各自为政的现象长期存在。其中的部分原因可以从我国的政治体系特征中找到解释：碎片化治理是纵向垂直领导与横向部门管理相互交织的中国政治体系的特有产物，这一条块分割的格局尤其使得处于科层制底端的基层政府时常摇摆于上级压力与部门协调之间，总是受困于职责繁重而权力不匹配的僵局之下。城市基层治理工作的压力与社会发展形势有直接关联。近年来，随着社会发展步伐的加快，城市基层的面貌日新月异，基层公共事务也由此渐趋繁杂，不仅在数量上呈现出急剧上升的趋势，基层公共事务的相关涉及主体、具体内容的复杂性以及决策难度也较从前有了显著增大。同时，公众对公共产品与公共服务的需求亦不断增长，顾此失彼的低效基层治理显然已经无法适应当下的社会形势。雪上加霜的是，在城市基层治理工作的新挑战之下，政府既有的碎片化管理问题日益严重、各部门各行其是现象的弊端愈加突出，这给城市

基层治理带来的压力与不便越来越难以承受，使得基层治理工作不可避免地陷入千头万绪的泥淖之中而无法脱身。这样的窘况最终倒逼城市基层治理理念的创新，促使政府转变传统思路，打破公共行政中条块分割、各自为政的低效布局，在思想上明确资源要素的整合意识，加强政府部门与机构的整体性运作，从分散的各自为政走向同向发力，将眼光从聚焦于局部环节转换至环视全局，把多方面的财物资源、人才、能力优势集中于一体，引导政府的整体性水平由浅入深发展，培养更强的事务处理能力和抵抗风险的水平。

党建引领对"系统整合"的理念创新产生了重要启发。党建在基层治理中具有整合功能，有学者将其定义为连接政府与社会的整体性治理机制。① 区域化党建的这一特点可作为克服城市基层治理碎片化问题的有效对策，以执政党扮演整合公共部门与社会力量的推手，通过党建引领的形式将区域内的资源重新整合，把原本分散游离的社会多元主体凝聚于共同的社会建设与基层治理目标之下，提高城市基层治理的整体性。中国共产党的执政党身份和领导地位赋予了基层党建更强大的指挥领导力和政治权威。正是出于此，基层党组织能在其领导区域内着眼全局，把区域内的各方面治理力量与治理资源尽收眼底，且具有召集聚拢、系统梳理、安排分配的实力。所以，基层党组织以及党的建设是城市基层治理必不可少的领导力量，也是拥有综合统筹能力的独一无二的主体，城市基层治理工作的推进必然需要坚定地忠诚于党委领导和党的建设。为了有效发挥党建在城市基层治理中的引领作用，其关键在于建设好城市基层党建四级联动体系。城市基层党建是一项系统工程，所谓"四级联动"是指市、区、街道、社区党组织相互贯通，从市委、区委、街道党工委到社区党组织构建起有机联系。其中，市委

① 张云翔：《区域化党建的治理价值》，《党政论坛》2017 年第 12 期。

负主要责任，区委是"一线指挥部"，街道党工委是"龙头"，社区党组织是"战斗堡垒"，通过四级党组织在行动中层层发力，以上带下，以下促上，实现四级党组织的互动和响应，从而推进基层党建工作的有序开展与有效运转，由此彰显党建引领的先进作用。

因此，这一维度的治理理念创新的核心在于提升基层治理的整体性，强调基层治理的重心下移，将治理资源下沉到基层一线，并以整合的力量来应对和处理基层治理中的各种矛盾。整合和协调是这一理念创新下的两大关键机制，这意味着政府应当被视作一个综合的整体，在实际工作中打通部门间的阻隔，实现横向沟通、条块结合、上下联动，通过把同一层级或不同层级的治理进行整合，在既有的特定功能内部进行整合协调，推动公共部门与私营部门或第三部门进行合作。[①] 这三个方面的逐步推进，在组织形态方面构成多维立体的治理整合模型，并配以政策、服务、监督等相应的职能，从城市基层治理体系的各个角度实现多元要素的有序、合理配置，以此实现透明整合的无缝隙治理活动，并达成减少资源浪费、回应社会复杂多样的需求、优化基层治理的质量与水平等多重目标。

二、理念创新的主要表现：智治支撑下综合有序的城市基层治理系统

从各自为政到系统集成的治理理念创新的内涵中，将社会资源整合起来，集中社会治理的多元主体和要素只是打破各自为政的治理理念的第一步。为了在后续社会治理过程中，培养形成更强的事务处理实力和更高效的联动体系，需要协调好政府

---

① 翁士洪：《整体性治理模式的兴起——整体性治理在英国政府治理中的理论与实践》，《上海行政学院学报》2010 年第 2 期。

组织内部的有序性，理顺城市基层治理各主体之间的互动关系与行动秩序，跨越粗放式的治理要素的集合，进而梳理构建一个合理有序的城市基层治理体系。在当前数字化时代的背景之下，这一过程也离不开信息技术的辅助，在技术手段的支撑下，通过科学的整合与协调，在把握全局的战略思维下合理配置各要素的权与责，联通各要素的互动链条，构建数字化平台和智能信息系统，将信息采集、数据存储、资料分析、措施落地等城市基层治理的各环节活动贯连成线上与线下相结合的整体系统，由此产生"一加一大于二"的理想成效。

对于"系统集成"理念创新的理解可以分解为以下三个维度：第一，城市基层治理要素从分散走向集成，从粗放型整合优化为有序的系统安排，并能够理顺城市基层治理的相关要素和主体之间的逻辑关联；第二，各级党组织与治理主体实现纵向联动、横向融合，以此增强基层治理体系的综合协调性；第三，打造系统集成的城市基层治理格局需要向现代信息技术借力，依靠信息技术的特有优势搭建数字化平台，设计智慧化的运行系统，将广泛要素集中于数字平台上再加以统筹规划，全面提升城市基层治理的有序性和高效性。若在此基础上再做进一步的提炼，系统集成的治理理念创新可归结为治理要素的有序联动和数字技术的支持这两大主题。前者主要通过政府部门的改革与调整实现，后者则与当前的社会背景息息相关，现代信息技术和多领域的智慧化进程都深刻地影响了城市基层治理。

不得不说的是，数字技术在浙江城市基层治理中扮演着不可小觑的角色，基层治理走向系统集成的理念创新必然受到信息技术的启发与催化，而这一理念创新的落地生根也不得不凭借技术手段的支撑。信息技术的飞速发展与不断革新已经成为当代社会的显著特征，凭借其强大的作用力，信息技术正以多种形态和路径渗入公民意志和社会生活中，产生了广泛而深刻的影响。从微观城市社区中的数字技术设备装置，到中观城市服务与建设的智慧化，再到宏观国家层面应用技术治理实现对社会稳定和经济发展的保障，无不体现出信息技术对当代社会治理的支撑作用。毋庸置疑，信息技术的日新月异给城市基层治理也带去了新的启发，大数据、云计算、物联网、人工智能等多样化的技术工具为基层治理工作的高效开展提供了新的选择，为有效集中来自各方的治理主体的力量并有序梳理其关系秩序构建了基本框架。网格化管理便是数字技术支撑下加强和创新基层治理的一项实践尝试，是技术工具融入基层治理的典型代表。网格化管理通过将城市管理之辖区在一定的标准参照下分割为若干单元网格，并为之匹配相应的管理人员，以清晰的管理范围、明确的管理责任、规范统一的管理机制、敏捷的反应措施实现对城市各区域的有效管理。在引入数字信息技术手段之后，相关信息能通过城市网格化管理信息平台进行共享，政府职能部门的综合服务与管理水平得以加强，也便于对事关全局的重点人群或重大事项进行追踪监控和提前预防，从而形成各部门和区域联动、资源共享、主动有序的系统化城市基层治理模式。网格化管理的核心特征在于资源整合与治理重心的下沉，凭借严密的基层治理体系，达成增强治理能力、提升治理效能的目标。一言以蔽之，网格化管理立足于数字信息技术的基础之上，试图在全新的治理情境中实现超大规模的社会再组织化，并寻求有效治理单元以构建新的社会秩序①，其本质上就体现了城市基层治理的集合化倾向，折射出对构建全方位、多维度、高韧性的新时代基层治理体系的追求。

从分头行动到系统集成的治理理念创新在浙江已经落地为实践探索，"四个平台"治理模式的建设即是一个形象的例证。自2015年3月浙江省行政体制和机构编制工作会议中首次提出"四

---

① 唐皇凤：《新时代网格化管理的核心逻辑》，http://www.rmlt.com.cn/2020/0727/588012.shtml。

个平台"的构想以来，浙江省政府完成了确定试点、推广经验、引导多地探索建设"四个平台"等系列推进工作，取得了创新基层社会治理模式的有益经验和有效进展。此处所谓的基层社会治理体系"四个平台"融合了综治工作、市场监管、综合执法、便民服务这四方面职能，其实质是一个集成资源的综合性平台。在整体性理念的指导下，实现基层管理部门之间的职责重构、资源重配、体系重整，从而有助于达成统筹协调基层治理工作的目标。在对基层社会治理中涉及的职能相近或职权交叉的日常事务加以梳理归类的基础上，完善基层治理的运作机制，整合凝聚力量，在综合指挥、属地管理、全科网格、运行机制的支撑下提升基层治理的能力与水平。浙江省的"四个平台一张网"把基层治理中的重要职能与事务办理环节进行了科学系统的梳理整合，且将其与正推进得如火如荼的"最多跑一次"改革进行了对接，从而赋予了"四个平台一张网"以协助治理和提供服务的双重使命。从浙江的这一实践来看，数字技术是信息采集、数据存储和动态分析、终端应用等多个环节得以实现和高效运作的基础，而整体性的思维是贯穿始终的指导方针，集成治理资源统筹应对社会问题的智慧治理途径在此已经颇显成效。

结合上述基层治理创新实践的特点，不难发现，在城市基层治理走向系统集成的过程中，现代信息技术是一项重要工具，包罗万象的数字化平台与综合有序的基层治理体系是保障城市基层治理的效率与质量的关键。在多个地区的实践中，已经出现了智慧化潮流带动下的，基于技术支持而推进整体性、系统化治理的优秀案例，有助于为未来城市基层治理的改革提供经验。毋庸置疑的是，信息技术所具有的大规模数据搜集、存储与分析优势，极大地消除了数据资料在各工作部门间流通的阻力，显著促进了政府各部门之间，甚至政府与社会组织、公众之间的沟通与合作。而治理信息的数据化对于科学决策、预判分析皆具有重大而深远的意义。巧借智治的趋势，从治理资源的集成、多元治理主体的合理统筹、治理过程的有序安排再到多维立体的综合性治理体系的建立和规则化，将会是城市基层治理发展的基本逻辑。与此同时，人们也应当清醒地意识到，技术归根结底是推行基层治理所凭借的一项工具，它的运作与行动的根源始终在于人类的思维和治理理念，所以应当避免产生盲目的技术万能思想或过于偏激的技术崇拜态度，要理性地在合理界限范围内引导发挥技术工具的积极作用，毕竟，更优良的城市基层治理格局的实现还需以符合社会现实的正确的治理理念和分析判断为起点，还无法脱离人类社会这一基本环境。

三、理念创新的意义：系统集成提升综合效能

以现代信息技术作为基本工具而推进的城市基层治理的集成化发展是符合社会现实与基层治理需要的一条治理创新路径。浙江省的改革实践全面而形象地践行了系统集成的治理理念，在党建引领下积极推进各方面要素的有机整合与系统梳理，在统筹协调中实现了城市基层治理效能的提升。在这一改革实践中，浙江省坚持党建的引领地位，将系统集成作为改革主线，集中各方面的治理资源并下沉到城市基层，在强动力和新活力的支持下提供优质高效的服务，极大地缓和了基层治理实践中权责不匹配、资源调度困难、管理低效等长期以来反复发作的深层矛盾。

城市基层治理从分散独立走向系统集成的理念创新意味着把原本游离分散的社会资源和主体力量凝聚起来，在政府权力下放和重心下移的前提下、在整体性思维的指导下、在现代信息技术的支持下，坚定党建引领下的资源整合、整体智治进而使得城市基层治理的相关主体各司其职，纵向联动，横向贯通。这一创新理念与信息化、数字化的浪潮也相契合，多地区建立

的社会治理综合信息系统即是丰富的应用创新中的一项典型代表。这一信息系统包含了各项业务、数据资源、数字技术的集成，使得集成的资源要素在数字平台上能够实现有序分布排列、合理配置，得到更高效的使用。同时，随着基层治理框架的逐渐完善，事件处理体系也逐渐变得清晰和完整，从事件信息处理过程中涉及的责任部门、办理环节和处理步骤、时限要求、信息记录和反馈再到最终的事项办结，这一事件处理的闭环模式把所有细节都透明客观地呈现出来，并做到有迹可循，这是能够直接影响基层治理的效率和政府权威的一项因素。由此逐步构建覆盖范围广的系统化、有序化的城市基层治理体系，使其在基层治理实践中能够具备更敏感的觉察力和快而强的回应性，从而告别各行政部门和社会主体相互分散孤立且在基层治理活动中机械地采取分头行动的时代，迈向治理要素与治理主体有效集成、共同目标驱动下实施有共识的行动一致的新阶段。

第三节　从封闭孤立到开放融合

一、理念创新的背景：社会结构转型与基层治理新要求

　　基层治理理念的转变与社会结构、社会关系、社会秩序有着密切而直接的关联，社会情境的变化会影响并催化基层治理理念的创新。中华人民共和国成立以来的几十年里，我国的政治、经济、文化等社会的各个方面都经历了发展与变迁，社会结构与社会利益主体也在这一过程中发生了一系列调整与变革。其中，改革开放这一决策带来的影响尤为显著，使之成为加速一元化社会管理体制的调整与变革的转折点。实行改革开放的历史性决策之后，在经济制度转轨与社会制度转型的背景下，传统的凭借国家权力进行封闭式基层管理的模式显然已无法适应改革开放时代的社会建设与发展需要。因此，随着我国的社会形态从此前计划经济下全面接受政府管理的封闭型社会转变为与市场经济体制相适应的开放型社会，相应地，在社会治理领域也出现了由政府社会管理向现代意义上的多元主体社会治理逐渐过渡的趋势。①改革开放的伟大转折开启了基层社会治理理念首次转变的前奏，按下了治理理念从以政府为主导的社会管

────────────

　　①　夏先良：《新时代开放型社会治理体系的构建与完善》，《人民论坛·学术前沿》2018 年第 6 期。

理向多元主体的开放型社会治理转变的启动键。此后，伴随着社会主义市场经济体制的不断完善与社会格局的深入调整，面向社会多元主体、包容吸纳社会组织、公众参与基层治理的开放理念也在坚定的信念下持续深化。

一方面，社会结构突破自我封闭走向开放的这一趋势是推动理念创新的动力；另一方面，公共部门内部的体制弊端以及日益严峻的社会治理现状也共同呼唤着社会治理理念的适时创新。其中，传统的科层制框架的弱点及其在现实适应性上的差距逐渐凸显。一直以来，科层制以其理性严密的运作逻辑、高效率的科学行动实践，将公共部门塑造为一个相对独立的自我循环系统，并暗示政府权威是社会治理中的唯一力量^①，这必然会加剧公共部门的向内封闭与社会治理的独立性。科层制对外部力量的排斥以及科层内卷化等问题已暴露出传统封闭式的基层治理架构无法配适日益繁复的公共事务的现实，政府科层组织也无法完全实现对基层治理专业知识和相关信息的垄断，由此难以保证公共部门在长期的社会治理中保持绝对优势，偏重政府内部运作管理的科层制限制了公共权威在社会治理中的作用，与此同时，社会公众在越来越多的情境下成为实时信息的掌握者。社会组织依靠其专业技能与团队组织优势开始在公共服务提供、公益慈善等领域崭露头角，社会主体正在不断积蓄实力，成长为可在社会治理活动中承担职责的重要力量，社会力量的崛起由此成为推动城市基层治理理念从自我封闭走向包容开放的重要因素。开放型治理理念鼓励和支持社会组织、公众等社会多元主体参与到基层治理实践中来，实则意味着将社会主体掌握的更多、更及时的信息导入治理决策、执行、反馈等环节，这能够为城市基层治理实践提供更全面可行的参考信

---

① 张振洋：《破解科层制困境：党建引领城市基层社会治理研究——以上海市城市基层党建实践为例》，《内蒙古社会科学》2020 年第 3 期。

息，降低了信息不对称造成的决策难度和失误风险。向社会多元主体开放的社会治理格局能够吸纳来自社会多方面有益力量作为行政手段的辅助，排除自上而下的单一治理模式下的视野盲区，在包容社会参与的双向互动中充分激发不同性质的治理主体的专长与特质，以此更好地服务于城市基层治理的效率与质量的提升。

由此看来，社会结构的历史演变、传统科层制暴露出的制度顽疾以及公民社会的快速成长等历史与现实因素成了城市基层治理理念创新的催化剂，使得社会治理活动从注重公共部门主体的内部交流到逐渐打破部门间的壁垒与隔阂，开始关注增强部门间关联纽带的韧性，同时以更广阔的视角在社会中搜寻有效的治理力量，鼓励社会主体的开放性参与，吸纳社会中的积极力量，并营造良好的氛围引导和优化社会主体参与基层治理的心态与能力，致力于将社会组织和群众培养成社会治理中的重要组成部分。在我国的政治体制相关因素和当代社会治理现实需求的双重作用下，城市基层治理打破独立封闭的内循环治理模式而转为向社会多元主体开放、促进多元主体与资源的融合式治理是一种必然趋势，多元治理主体之间的沟通与联系在此过程中逐步构建并强化，城市基层治理的开放性与融合互动的特征日渐显著。

二、理念创新的实践体现：以城市社区的开放治理为例

萌生开放意识的社会治理理念意味着将要突破以政府行政权力为主导的封闭式治理模式，推动基层治理过程向更广泛的社会主体开放。这一治理理念的创新符合当下社会多元要素活力迸发的特点，顺应了社会发展的开放包容趋势。从实践角度来看，开放型治理理念仍旧坚持党建的引领，不会动摇执政党的

领导基石。同时，这一理念创新会在依循"共建共治共享"的基层治理思路下发挥社会主体的独特优势，强调通过党建工作实现社会资源的重新整合，并注重采取科学的工作方法加强行政体制内外部各要素之间的互联互通，突破唯行政权力为指令的自我封闭式治理格局，为社会力量参与城市基层治理提供通道，进而达成有效的社会资源整合与要素价值释放的最大化。

在城市治理中，社区处于基层治理的末端，是最具代表性的治理单元。在传统的社区治理中，居委会是核心主体，其性质虽是基层群众自治组织，但在实际工作中，居委会更像是政府部门在基层社区的延伸，它的工作重心落在处理政府下派的各项行政事务上，长此以往它便被蒙上了一层行政色彩，传统的城市社区治理也因此被视作行政力量主导下的社区内部管理。而在如今的新型社区，除了居委会这一组织以外，业主委员会和物业公司也日益成为社区治理的重要力量，他们的加入可以营造更浓厚的自治氛围，通过定期或围绕特定主题组织公民议事会、商讨会等多种形式的交流活动，为社区居民自由而充分地表达个人观点搭建良好的平台，进而有利于维护社区公共事务处理过程中的民主与自主性，给居委会"一统社区治理之天下"的局面画上句号。在近年来的社区治理实践中，引入社会组织作为城市基层治理的主体，发挥公众的优势力量，是基层治理理念的开放化创新在实践方面的一种具体表现。针对城市社区的治理特征，根据社会多元主体参与城市基层治理的具体情形，既有研究已经提出了多中心治理理论、网络治理理论、参与式治理、嵌入式治理等解释框架，以此对城市基层治理中的开放式治理现象展开分析，剖析公共部门与社会主体之间的互动关系。综合这一领域下的理论研究与实践表现，聚焦社会组织在城市基层治理中的参与，可以了解社会组织在以社区为代表的城市基层治理活动中的功能与作用，以及社会组织进入城市基层治理环境后与各相关主体的关系构建和动态表现。

　　社会组织作为第三部门，能够在公共部门与私营部门无法有效发挥作用的场域中承担补充功能，并因其非官方性质和与社会基础联系紧密的特征，在社会基层治理中时常能产生良好的成效。在城市基层治理中引入社会组织，就是扩展了感知社会现实的触角，有利于提高问题的感知能力与灵敏度，使问题早预防、早发现、早治理成为可能。社会组织不同于政府的行政权威，因其生长于社会之中，并在其中开展活动，具有更深刻稳固的社会根基，且相较于普通公众又更具组织性和专业性，因此它能够以第三方视角弥补公私部门的视野盲区，凭借其专业能力更科学高效地研判形势，解析国家政策措施等在具体基层治理场景中的适用性，并能起到一定的监督作用，有利于防止基层政策执行产生偏差，在一定程度上化解因为信息不对称或理解有出入等问题对基层治理质量所产生的负面影响。此外，社会组织还具有中介平台的功能，这为丰富的社会资源汇入并服务于社区治理打开了窗口，换言之，通过社会组织这一平台，能够统一集中并梳理社会资源，组织志愿者到基层社区开展服务，在此基础上根据社会组织或志愿者团体在宣教普法、环境保护、助残扶困、照料老人等不同服务领域的主攻方向，有针对性地在基层社区进行对口志愿服务工作，从而实现社会组织资源与社区治理需要的合理匹配，践行双赢策略。社会组织的上述优越性已在近年来的实践中得到了验证，也正是这些特有优势将社会组织在城市基层治理中的角色地位托举到了一个突出位置，增强了城市基层治理进一步走向开放融合的信心。

　　在当下浙江城市社区治理实践中，灵活运用购买服务、项目外包等形式引入市场机制已成为普遍现象，这也是城市基层治理从独立封闭走向开放融合的一个典型的表现。在这一过程中，社会组织是常见的参与主体。地方民政部门鼓励社会组织与社区对接，根据不同类型社会组织的擅长领域，合理挑选并支持相应的社会组织在城市基层治理工作中发挥专业优势，使越来越多的社会组织成长为城市基层治理的重要助力，并产生高效调动资源、提供优质服务的理想效果。具体言之，社会组织通过承接政府购买服务的方式向城市基层社区提供服务是社会组织参与基层治理的一种常见途径，在政府部门的支持与社会组织自身的专业性优势依托之下，社会组织遭受的外来排斥压力可以被弱化，有助于其在相对平稳的环境中扎下在城市社区中发展的立足根基，便于后期实现嵌入性参与社区治理工作，与基层社区之间培养生成良好的共生互动关系。在此过程中，社会组织会建立与社区居委会的合作关系，会面临与物业公司之间的竞争，同时也会因街道具备授予资源与政治认同的权威而产生对街道的依附心理①，通过与社区内各要素变通发展互动关系，有助于社会组织顺利融入并适应社区内原有的权力结构与治理规则。当然，社会组织与社区的居民、居委会、所属街道之间的良性关系并非建立之后就能够一劳永逸，多元主体间良性互动的存续有赖于社会组织的"苦心经营"和政府购买服务等相关政策制度的合理调整。大多数情况下，社会组织较为重视建立与社区居委会之间的合作关系，以期借此在基层治理工作中获得直接有效的支持。

然而，在城市基层治理逐渐向社会开放的过程中，尤其是开放化理念创新推动实践转变的初期阶段，客观环境中的若干要素在短时间内难以与开放融合的城市基层治理所提出的要求条件相匹配。此时用辩证思维审视第三方主体参与城市基层治理的行为，便能够发现开放型治理理念创新具有双重性，即在肯定社会组织与公众参与具有多方面优势的同时，也可以预见这一理念创新在实践过程中将遇到的潜在阻力与风险。具体而言，首先考虑到的是社会组织与公众素质参差不齐的现实压力。

---

① 刘帅顺、张汝立：《嵌入式治理：社会组织参与社区治理的一个解释框架》，《理论月刊》2020年第5期。

一方面，社会组织是否具备提供优质服务的实力，是否兼具过硬的业务水平和良好的品德素养，这是公共部门在引入社会组织时候的基本担忧；另一方面，尽管对社会力量参与治理活动的宣传工作已经历了一个较长的周期，大多数公众的参与理念和责任意识确实有所加强与提升，鼓励社会参与的氛围也初步形成，但是公众参与社会治理的态度以及相关知识储备与技能积累仍旧没有达到理想水平，与开放融合的城市基层治理理念指导下的最优状态的实现还存在一定差距。在社区居民参与中，仍然不可避免地存在着动员式参与的弊病——居民的社区参与或许就像是一场"仪式表演"，不仅无法践履自由畅意表达民意的初衷，反而会造成耗费更高的治理成本而缺乏实际效用的不良后果。

因此，经过对社会主体参与城市社区治理的积极意义以及该过程中可预见的阻碍因素的通盘考量，可以肯定，基层治理模式从单中心封闭式治理向党建引领下的多元合作共治转变是必然趋势，城市基层治理向多元社会主体打开了窗口，激发并强化城市基层治理场景下社会各类主体的参与意愿和责任意识，使得基层治理与社会主体之间的分隔界限逐渐淡化，行政部门与社会主体在城市基层治理中的地位趋向平等，最终对城市基层治理因社会力量的融入而走向开放产生关键性促进作用。应当强调的是，在推动城市基层治理走向开放的同时，一方面要重视营造内生性与主动性的城市基层治理氛围与场域，培育开放型治理格局的内在动力，着力实现政府治理与社区自治的顺畅衔接[①]；另一方面，社会力量参与城市基层治理工作之后，仍不能忽视对他们的能力培养与潜力开发，要给予社会主体充分的成长空间，鼓励其作用的发挥，并适时以规则制度规范第三

---

① 谈小燕：《以社区为本的参与式治理：制度主义视角下的城市基层治理创新》，《新视野》2020年第3期。

方主体参与城市基层治理的行为，以此为社会组织的中立性和参与成效加上一道保障。简而言之，政府仍对社会主体负有指导与规约的双重责任，既要全力支持他们的发展，又要引导其走在正轨之上，由此才能够集合社会多元主体的力量，形成真正的合力，增强推进构建善治格局的动力。

三、理念创新的价值：开放融合提升治理民主化

走向开放融合的治理理念创新的背后，蕴含着多层面的关系转变。其一，社区公共服务的来源从原本的行政供给为主向多元化转变，服务内容也从单一刻板变得更为多样化、个性化，通过政府购买服务的形式引进社工组织或在社区内开展志愿活动等途径，增强了居民对内容丰富的公共服务的可获得性，也使得提供的公共服务更契合民众的需要，进而提升社区生活的整体幸福感。其二，社区走向开放的过程也是调整政府与社会关系的阶段，随着社区治理获得越来越广的自主空间，政府一直以来的绝对权威和领导地位出现了弱化的趋势，政府与社会组织、公众之间的关系逐渐向平等合作的良性互动状态发展，这一关系的微妙变化影响了传统的自上而下的公共服务提供模式，同时能够激发社会组织或公众等基层主体的创新潜力，推动城市基层公共服务内容的革新与发展。其三，就社区管理体制而言，治理理念创新和持续的街道办事处与居委会的管理体制改革使得政社合一开始迈向政社分离，在此过程中，社区居委会逐渐摒弃政府代理人的角色，缓缓地从行政事务中脱身而回归其自治的职能，最终实现政府依法管理与社区依规自治之间的有机衔接和良性互动。[①]

---

① 陈天祥：《摆脱管控型的城市社区治理模式》，《国家治理》2015 年第 9 期。

　　社会公众与社会组织等社会多元主体获得参与城市基层治理的机会与途径意味着民主范围的扩大与民主程度的提升，基层社会的其他主体在此获得了意愿表达的窗口，从而有助于在一定程度上克服社会公众的政治冷漠与消极参与态度，激起公众的参与热情与社会责任感。社会多元主体参与基层治理能够发挥以广泛的民主平衡强大政府权威的功能，巧借社会主体的作用监督政府行为，遏制政府权威的无限膨胀，从而推进实现公共利益的最大化，提升社会治理的民主化水平。社会组织与公众参与基层社会治理的深入与发展将成为治理民主化水平不断提高的动因，能够打造更和谐高效的社会治理场景，其具体表现为：社会公众能够自由表达意愿与看法，拥有不容置疑的发言权；政府主动承担基层治理的责任并对人民负责，能够公正地回应社会公众的利益需求；政府不仅受到体制内的自我约束，也需接受来自社会的监督，以权利制约权力，从而使得政府行为被规范于权力边界之内。

　　治理民主是民主理念与实践的深化以及公共治理变迁的共同导向，是未来社会治理的一般性趋势。治理民主化与社会政治发展、治理体系与治理能力现代化的价值内涵相契合，并将在政治生态与治理体系的双向互动中缓慢渐进地发展。① 随着城市基层治理面向社会主体开放，包容吸纳多元主体参与到基层治理的多个环节和领域之中，有效提升了开放融合的治理理念与实践的价值，也为维护与推进社会民主建设带去了有益的动力支持。

---

　　① 　陆聂海：《治理民主：内在机理、表现维度和实现基础》，《海南大学学报》（人文社会科学版）2019 年第 2 期。

第四章

大流动时代

浙江党建引领城市基层治理的平台创新

党建平台是实现组织力量有效整合、资源信息高度汇聚的重要载体。在城市基层党建中，创新各类党建平台对于增进基层党组织之间的有效互动、增强政党与社会的有效连接具有重要价值。党建会议平台对于促进基层决策民主化、科学化起着积极作用；区域化党建平台对于基层资源力量的统筹整合具有显著功效；党群服务中心为基层党组织连接社会、服务群众提供了重要空间；互联网党建平台则是基层党组织适应信息社会的发展所形成的集党员教育、党务管理、党员服务、党建宣传等为一体的智慧化平台。本部分重点对各类党建平台的功能、作用进行阐释。

第一节　党建会议平台

基层民主平台的效用侧重于激发居民积极性，引导居民参与，而党建会议平台的效用则在于打破既有体制，以党建为引领，统合多方力量，进而推动社区党建工作做深做实。换言之，党建会议平台的优势在于多方主体的沟通、协调以及任务的分割部署。而其形式主要为党建联席会、党员议事会、民主评议会等。

一、党建联席会

社区党建联席会是街道、党工委带头组织并决定议题，社会层级党组织充分参与，打破条块分割的工作体制，提高社区党建工作合力的新型管理组织形式，也是党建工作中最常见的会议形式之一。党建联席会的成员包括街道党工委、社区内行政单位及科教文卫等事业单位党组织、社区内部党组织、社区内企业及各种经济成分的党组织、社区居民党组织等。一方面，党建联席会为解决社区党建以及各类群众性、社会性等重大事项提供平台，主要负责协调落实联席会决议事项，解决社区单位条块分割、各自为政、不连续、不协调等复杂问题，以此实现党组织体制的内外联动整合功能最大化；另一方面，党建联席会充分体现了民主集中制的原则，推动社区治理实现资源共享、优势互补、统筹安排的良性循环。因此，党建联席会是社区治理中尤为重要的机制性平台。

在社区治理的实践中，党建联席会组织各主体单位开展现场联合办公模式，引导社区组织及时回应并解决群众关切的问题，实现主体之间的合作互利。具体而言，党建联席会的会议形式主要包括以下三类：一是社区两委联席会。"两委"是指社区党支部委员会和社区居民委员会，社区居委会在党支部的领导下履行职责、开展工作，由党支部书记作为总负责人从社区层面对内部的重大事项进行集体研究、民主决策。二是"1+3+X"党建联席会。党组织运用利益整合、政治优势，协调居委会、物业公司、业主委员会之间的关系。随着区域化党建工作的推进，社区党建联席会从完善社区治理架构入手，探索升级"1+3+X"管理模式，吸纳了市容、城管、民警、房办等专业化管理部门和企事业单位等，不断健全社区治理联动体系，实现同频共振、联合发力。三是社区两级联席会议。即由街道党工委和社区分别召开基层治理联席会议，分层解决基层治理中的实际问题，实现大事由街道统筹协调处理、小事不出社区的工作格局。因此，党建联席会作为社区党建的重要平台，可以根据社区治理的实际需要不断创新多样化的管理模式，探索党建工作的新思路、新措施、新途径。

二、党员议事会

社区党员议事会是党内基层民主建设的重要举措，是有效调动基层党员参与社区治理的动力，是提高基层自治水平和推进广泛协商的重要会议。党员议事会为广大党员参与基层党内民主决策、管理、监督提供平台，以保障和扩大党员的知情权、参与权、监督权。党员议事会成员数量依据基层党组织党员总数的 20% 确定，一般为 10 到 15 名。议事会成员需具备政治素养好、工作能力强、群众威信高等条件，以多元化为原则，兼顾年龄、地域、学历、职业等情况，包括基层党组织书记、辖

区党员、驻区单位在职党员、流动党员、离退休党员等。党员
议事会原则上设会长 1 名，大多由基层党组织书记担任；副会长
1—2 名，由熟悉基层党务工作，并具有较高群众威望的党员或
者离退休老党员担任，实行任期制。①

三、民主评议会

民主评议会是加强党内政治生活的重要会议形式之一，主要
是通过对党员进行教育、监督和管理，提高党员个人素质，实
现全面从严治党。一般而言，民主评议分别从党员的理想信念、
为人民服务的意识、是否始终站在改革前列、物质和精神文明
贡献等方面展开。各地区、各部门可以结合实际确定党员评议
的具体内容。②

为了增强居民民主自治意识、保障落实民主监督制度，社区
民主评议会一般立足于本社区的实际情况，由社区党支部、居
委会组织居民对政府部门及其工作人员、居委会成员、社区工
作者的履职情况、工作作风、服务态度等方面进行考核并做出
文字评定。社区民主评议会作为党内监督的重要制度，主要包
括两种形式：一是党员和群众民主评议领导干部。民主评议会
通常与两委班子履职报告、群众满意度测评等工作结合起来，
为进一步扩大评议范围，部分街道社区还将综治、网格、派出
所、城管等部门的领导干部与社区两委班子结合在一起进行履
职述评。二是民主评议普通党员。通过党员自我评价、党内外
评议和党组织考核，对每个党员的表现进行客观评价，并进一
步加强对党员的教育、管理和监督。在社区实践过程中，有些

① 秦永生：《推行基层党员议事会制度的思考》，《才智》2016 年
第 20 期。
② 《中共中央批转中央组织部〈关于建立民主评议党员制度的意见〉》，
《党的建设》1989 年第 2 期。

街道、社区对民主评议会进行了相应的创新。如武汉市江汉区满春街道办事处创新出政府指导结合居民代表考评的这一方式，实现民主评议。根据培育社区民主自治的价值取向，以实现居民满意为标准，坚持"公平、公正、公开"的原则，并以街道办事处作为裁判者，为社区保障制度和运作程序的规范化和民主化；居民代表以社区居委会实际工作绩效为依据，对其进行无记名投票和民主评议。这一个实例创新了社区民主监督模式，也推动了政府和社区的良性互动。①

---

① 陈伟东：《城市社区民主制度的创新——武汉市江汉区满春街长堤社区居民代表评议社区工作者的调查与分析》，《学习月刊》2001 年第 9 期。

第二节　区域化党建平台

习近平总书记在全国组织工作会议上指出，要加强企业、农村、机关、事业单位、社区等各领域党建工作，推动基层党组织全面进步、全面过硬。其中，区域化党建是近年来创新基层党建的重要探索，其基本特点是开放性、多元化、扁平化、法治化、社会化、地域性等，其本质上属于多元主体、一个核心的组织和资源整合机制，以所在区域党委作为工作的核心，各个参与主体共同合作来推动基层党建和社区治理。[①] 各类基层党组织的广泛联建，对推动各地基层组织建设和社会治理创新发挥了重要作用。

一、区域化党建机制

（一）统筹联动机制

建立联动统筹机制，目的在于打破传统的垂直性行政组织结构，实现网络化沟通和资源整合共享，最大限度地发挥基层党组织的各方面效益。一是建立健全党企互动机制。在推动区域化党建的进程中，党企互动机制促使党组织经济在建设中发挥重要作用，保障政党和企业的紧密联系和协调互动，让党的政

---

① 李永胜:《区域化党建的内涵特征、时代价值与路径方法》,《国家治理》2019 年第 18 期。

策更有效地利好于企业，从而推动经济发展。社区党组织作为一个重要的资源整合平台，当企业面临经营危机时，党建平台可以为企业提供相应的信息，以解决信息不对称和不畅通的问题。例如，杭州市萧山经济开发区充分发挥区域性党组织的作用，开展"党建帮办""红色代办"等活动，推动政企、银企互动互促，大力推动企业在生产经营、用人用工等方面的互帮互助，引导党建联盟成员单位互帮互助，积极帮助企业解决难题。二是搭建政企、企业互动平台。在区域化党建过程中，党组织不仅需要明确自身职责，同时还应在政府与企业、企业与企业之间建立紧密联系的桥梁，实现资源要素在不同领域间的有效流动。在实践中，很多社区在区域化党建过程中形成了一整套切实可行的模式，促进了党建和企业的同频共振。比如，台州市黄岩区立足城市基层党建大框架，推进园区党建综合体建设，进一步激活了非公有制企业发展新动能，以区域化党建为载体，以平台"公转"带动企业"自转"，有效促进了"产城融合"发展。

（二）共建共享机制

区域化党建共建共享机制强调将党建工作与各行政单位、驻区单位的重点职能结合起来，定期开展联席会议，及时沟通交流相关信息，构建共建共享交流平台。比如，绍兴市越城区，围绕城市治理大局，精心谋划社区党建"契约化"共建。通过平等协商的方式，在充分尊重驻区单位党组织意愿基础上，共同签订《社区党建共建契约》，用契约形式来约定双方权利和义务，齐心协力推进社区党建；引导各社区党组织和驻区单位在资源的使用上做到相互整合、相互开放，取长补短、互利互惠，推动社区服务从以往单向模式向社区与共建单位双向互动转变；指导社区党组织根据实际，充分挖掘自身资源优势，为驻区单

位提供丰富的服务项目和内容；驻区单位根据社区需要服务的
内容，结合自身优势和特点，自主推出顺应社区需求的服务项
目，实现服务内容由单一向多元的转变。

（三）双向服务机制

双向服务机制建立在多主体之间信息互通、资源互动的基础
上，谋求各类社区组织和个人的共同发展，街道党工委及其组
织要为驻区单位和居民服务，同时驻区单位和个人也要培养为
街道服务的意识，实现区域共治。双向服务机制一般包括以下
四个部分内容：一是组织共建，共同夯实基层党建基础。组织
共建就是要充分发挥机关党建的引领作用，通过与社区党组织
共同开展支部标准化创建、组织生活、党日活动，互相交流研
讨、学习借鉴党建工作做法经验。二是资源共享，协商建立双
向服务清单。结对共建双方要以资源为基础、需求为导向，建
立双向服务清单，细化分解双方可提供的资源、服务内容、服
务频次。三是困难共帮，共同改善困难群众、党员生活。困难
共帮是指区直机关党组织要积极帮助结对社区辖内的困难党员
群众和困难家庭改善生活、解决难题，组织动员党员参与志愿
者服务活动、提供公益性服务。四是文明共建，共同推进文明
城区建设。文明共建要以社区为单位，组织区直机关党组织共
同研究结对社区建设工作，做到党建工作联创、思想工作联做、
公益事业联办、群众文化联动、发展难题联解、社区活动联搞，
共同建设文明和谐社区。

二、区域化党建创新

（一）区域整合对象创新

在区域化党建工作中，区域整合对象逐渐从公有制单位拓展为"两新"组织，即新经济组织和新社会组织。在基层社会治理中，公有制单位相对其他组织具有相对重要的优势，如多样化的治理资源、规范化的基层党组织、"公有"属性形成的党组织与居委会的"亲缘"关系、较强的社会责任感等，因此在区域化党建中一般以公有制单位为主。在实践中，区域化党建工作整合主体的创新是适应经济社会变化的必然选择。一方面是资源密集的传统单位制解体，以及人口在区域之间的高度流动性，新型基层党组织需要从其他商圈、超市等组织整合资源开展社区工作[①]；另一方面在城市基层党建中，社区党组织需要进一步推进"两新"党建工作，提升党组织在"两新"组织中的政治影响。近年来，上海市奉贤区"两新"组织党建工作主动融入区域化党建格局，打破体制、条块、地域的局限，不仅为"两新"组织党组织、党员参与社会治理开拓了新的空间和领域，同时也把区域化的外部资源和支撑转化为"两新"组织党建的内生动力，促进"两新"组织健康发展。

（二）组织机制创新

区域化党建组织逐渐从"公转"走向"自转"。在基层党建体系中，区域化党建的发起者一般是"区县党委—街道党工

---

① 葛亮：《从单位政治组织到社会政治组织——基于"两新"党建和群团改革的判断和预测》，《学习与实践》2020 年第 1 期。

委—社区党委（居民区党组织）"体系，发起者与行政组织或半行政组织相结合，在城市基层治理中发挥领导和引领作用，社区党委和居民区党组织发挥支撑和推动作用。近年来，部分基层社区开展"自运转"区域化平台，即驻区单位自发组织、自发持续运营的区域化组织。党组织仅作为"自运转"平台的重要参与方，给予一定的政策支持，但不会干涉区域化党建平台的日常运作。这种由"公转"到"自转"的模式推动了区域化党建工作的迭代更新。

（三）制度化形式创新

区域化党建实质上是以党的组织体系为依据，通过开展党建工作联动社会多元力量参与基层社会治理的重要机制。在区域化党建探索实践过程中，区域化党建已经向更加制度化和规范化的方向发展。早在 2012 年，在前期探索基础上，浙江省发布了《关于进一步推进区域化党建工作的意见》，以进一步适应经济社会发展变化新要求。《意见》明确指出，"实行组织共建，建立区域统筹的基层党组织体系；实行资源共享，打造功能齐全的区域党建和公共服务平台；实行党员共管，探索动态开放的党员教育管理模式；实行活动共办，设计灵活多样的区域化党建载体；实行事务共商，构建运转有序的区域化党建工作机制"，以这五项具体措施来规范推进区域化党建发展，不断增强区域化党建工作的影响力和渗透力。

第三节　党群服务中心

21 世纪初，面对基层党组织虚化、弱化、边缘化的问题，党建服务中心作为党建服务和社会服务的平台型载体，开始投入试点建设，2012 年起在全国各地普遍推进。党的十八大以后，各地开始积极推进党群服务中心的建设。党群服务中心在政党链接社会的过程中起着显著的作用。

一、党建文化的传播阵地

作为城市基层党建工作的实体性阵地，党群服务中心承担着形象展示的功能。一方面，党群服务中心要考虑其空间形象带来的教育意义，对其形象进行规划设计；另一方面，由于党群服务中心承担着服务本社区党员群众的功能，要考虑到社区居民进入党群服务中心的高频次，使党群服务中心的文化展示对党员群众产生潜移默化的作用。以"西湖区党群服务中心"为例，中心围绕"西湖记忆""西湖故事""西湖名片"等三大红色主题展陈，通过展示习近平总书记和翠苑一区、朱德元帅和外桐坞村等故事以及西湖区党史、全区各先进基层党组织和优秀共产党员等先进事迹，充分展现党建引领全区经济社会各项事业发展，将中心打造成为彰显西湖特色、全面展示深化"全域党建"成果的红色阵地。

二、群团组织的服务空间载体

党群服务中心作为社区联系基层群众和党员的桥梁纽带，也是群团组织①的工作阵地。工会、共青团、妇联等全国性群团组织具有较高的政治地位，其组织覆盖范围较为广泛，其活动开展往往汇聚于党群服务中心这一重要空间阵地。

在"政治—社会"关系结构中，群团组织一直发挥着连接政党与社会的桥梁和纽带作用。在党对群团组织的定位中，群团组织被定位为党组织在社会中的延伸性组织②。群团组织的中介性对于国家与社会关系的一体化建构具有重要作用。在社区中，群团组织通过与群众、社会组织、其他群团组织和党组织之间的互动，在基层党建与城市治理中发挥着重要作用和功能。而党群服务中心则是实现上述功能的重要空间载体。因此，群团组织需要发挥党联系群众的桥梁作用。

首先，在群团组织与群众之间构建服务型关系。群团组织在基层发挥组织和服务群众的作用，即通过自身的组织体系有效组织群众，通过丰富的工作内容服务和凝聚群众。其中，服务工作是组织工作的前提。群团组织的服务工作做不好，在群众中就会失去影响力和凝聚力，群团组织在群众中的基层组织就会被边缘化。要处理好群众与群团的关系，关键在于群团组织如何能更加快速、敏锐地面对社会需求，更好地做好社会服务。这就要求群团组织的工作对象和工作内容不仅是组织性的，而且是社会性的，不能仅仅局限于组织体系和会员单位内部，而是必须直接面向社会。

其次，在群团组织与社会组织之间构建枢纽型关系。2000

---

① 群团组织一般指不在民政部门进行社团登记的人民团体和群众团体，具有一定的群众性和一定的社会动员功能。

② 李威利：《城市基层党建指导手册》，格致出版社、上海人民出版社2019年版，第158页。

年以后，社会组织发展极为迅速，如何处理好群团与社会组织之间的关系，成为群团组织的重要工作内容。研究指出，在党、群团、社会自组织之间要建构枢纽型的组织关系，从而将社会组织吸纳到国家治理体系中发挥作用。事实上，近年来，共青团、妇联等群团组织在这方面已率先进行了一些探索。党的群团工作会议提出要重视群团组织在传统工作中的优势，强调政治性、先进性和群众性，重视群团组织的组织体系延伸性建设。群团组织的组织体系延伸性建设强调对个体化存在的群众进行组织和覆盖。在强调重点发挥群团组织体系的同时，还需要重视探索和推广各类群团组织的枢纽型功能。

再次，在群团组织之间构建整合性的关系。从全国群团组织的工作情况来看，群团组织都在自己联系的社会群体范围内开展了卓有成效的工作，各个群团组织都形成了自成体系和自成系统的群团工作系统，但是不同群团组织之间的联系还相对薄弱。当群团组织不再局限于自身组织体系内的组织工作，而必须承担起社会治理和社会服务功能时，就是各类社会问题的交互性和复杂性对社会治理与社会服务提出整体性要求之时。如共青团在服务青年的过程中，可能面对和处理的不仅仅是青年工作，同样，妇联在服务妇女群体的过程中，面对的问题也可能不仅仅是妇女工作，这就要求群团工作必须加强不同群团组织之间的联动。换言之，即便群团联系和服务的对象各有侧重，但若要真正深入社会工作领域就会发现，群团工作的内容和对象之间往往是相互联系和相互交叉的。因此，在自成系统的工作方式下，群团组织往往会体会到社会工作的艰难，并将其原因归结到组织体系不够严密、组织资源不够丰富。事实上，真正的问题是群团组织资源有待进一步整合，必须进一步重视群团组织之间的联动和合作，重视形成整体性的群团工作格局。

最后，在群团组织与党组织间构建延伸性关系。总体而言，党组织和群团组织之间的关系是"轴心—外围"模式，这种模式在具体工作层面体现为：一方面党组织以群团组织为基础开展群众工作；另一方面党组织在各类资源上给予群团组织以支持。因此，两者之间的基本模式是"党建带群团"。但除了资源支持关系之外，还必须注意到党建与群团组织在具体群众工作中的反向关系。在群众工作中，党组织的执政功能较强，因此必须更加重视传统的组织体系建设，重视对党与政府、党与社会关系的处理；而群团组织在基本定位上的核心功能就是做群众工作，执政功能弱而整合功能较强，对社会群体动向和需求的感知更为敏锐，在某些方面和社会群体之间的联系也更为密切。因此，在许多微观领域，群团组织在社会治理和社会服务中有许多创新性探索，要实现一定程度上的"群团促党建"。这也进一步体现了当前重视群团工作的重要意义。值得注意的是，两者之间的关系是统一的，在社会治理和群众工作的时间探索方面，越是强调群团组织的先行者和创新者的作用，就越需要在政策、组织、资源方面对群团工作大力支持。

三、社会组织的孵化平台

从多年来社区建设的经验看，社会组织是社区治理中的行动派。过去的 20 多年中，社区治理催生并培育了各种各样的专业社会组织，其动员资源多、涉及领域广，拥有职业化的工作人员和志愿者，在某一领域有较强的专业化能力，是社区服务的重要力量。杭州市拱墅区积极选育社会专业力量参与阵地共用、共享、共赢，2019 年全区社会组织联合党委成立 10 个社会组织"孵化联盟"党支部，动员 442 家社会组织参与阵地服务，如拱宸桥街道党群服务中心引进"心巢公益"打造"心巢文澜大学"，为辖区居民提供亚运英语、学用手机、插花等 20 余门无偿或低偿课程，场场爆满、一票难求。上塘街道善贤社区党群服务中心联合"诗青年"为青少年提供国学礼仪、书法绘画、诗歌鉴赏等免费培训，成为村改居社区文化生活的生力军，受省内外多个城区邀约合作。此外，拱墅区的党群服务中心还依托自治组织激活内部资源，通过邀请、动员、顾问、招募、合作等方式，增强党员群众主体意识，提高参与阵地自主管理、自主服务的主动性。如，原浙江省党代表、杭州市优秀共产党员、蚕花园社区原书记姜小寅退休不退岗，发挥自身影响带动广场舞大妈、大伯成立"运河大妈、拱宸大伯"志愿者联合会及党支部，承接"初心·运河城市驿站"日常运转，2年来无偿为游客服务1.3万余次，队伍从20人发展到800余人，"初心驿站"成为拱宸桥畔网红打卡点。

四、社区资源的整合链接中心

社区资源主要指一切能够用来满足居民生活需求、促进社区发展的各方面力量，主要包括人力资源、物质资源、组织资源、文化资源等。[①]党群服务中心作为服务党员群众的媒介和载体，还承担着资源整合的功能。杭州市拱墅区在党群服务中心建设中依托"运河红盟"充分整合共建资源，将阵地作为党建共建主要载体，发动"运河红盟"成员单位梳理资源清单、对接需求清单、认领项目清单。2019年已促成健康、养老、综治等16个党建共建服务项目落地，让需求在阵地中采集、资源在阵地中投放、项目在阵地中起效。全面推进机关、社区、"两新"党组织与阵地结对共建，达成最强、过硬支部驻点包干阵地服务117个，2483名机关事业单位党员进党群服务中心服务，认领微心愿1502个。和睦街道每月开设"红盟集市"，以46家共建单位党员集中"摆摊"、群众"赶集"等形式，提供义诊、理发、家电维修、法律咨询等便民服务，受到群众好评。

---

① 陈璐玭：《城市社区公共服务：主体、行动与策略》，南京大学硕士学位论文，2013年。

第四节　互联网党建平台

　　信息化、数字化和智能化是当今世界发展趋势所在，数字化浪潮在撬动社会结构的同时，也在形塑新的政治生活和政党政治。习近平总书记在多个场合反复强调，互联网是我们面临的"最大变量"，如果党过不了互联网这一关，就过不了长期执政这一关。党的十九大报告将"加快建设数字中国"作为适应数字时代发展的重要路径，并要求全党要"善于运用互联网技术和信息化手段开展工作"，以全面增强执政本领。显然，数字政党建设是数字中国建设的题中之义，而基层党建工作的信息化、数字化和智能化则是数字政党建设的基石，推动数字技术与党建工作的深度融合，构建数字建党、数字管党的创新平台，有利于全面盘活党建资源，有利于科学管理党员队伍，有利于不断增进党群关系。党建数字化是党顺应数字时代的必然选择，也是技术赋能党建的重要路径。

一、互联网党建平台的基本特征

　　互联网党建平台运用现代信息技术，整合资源，加强组织管理，提高服务水平。在"互联网＋党建"发展的新阶段，"智慧党建"是党建工作数字化、信息化、智能化的时代表达，是大数据时代党主动应对时代变迁的自我转型和自我革新，具有党

建数字化、服务精准化、方法智能化等基本特征。^①

（一）党建数字化

随着城市基层党员人数和社会资源的不断增加，基层党组织需要处理的信息也呈现出多样性和复杂性的特点。在这种情况下，党建数字化发展对提升城市基层党建工作效率有重要作用。如党员档案数字化打破了时空限制，使党务管理、党员教育、群众服务、工作宣传实现信息化、智能化，提升了党建工作的时效性和实效性。

（二）服务精准化

服务精准化这一特征主要包括三个方面：一是服务党员精准化。在大数据平台中，党员可对照自身的学习、参与、服务情况分析自我的优缺点，激励自身的成长和进步，引导自己成为一名优秀的共产党员。二是服务党务工作者精准化。在大数据平台中，党务工作者可对党组织和党员在线学习以及服务群众的情况进行动态分析，定向抓取相关信息，智能分析社会发展状况，做出具有针对性、准确性、前瞻性的决策，提高工作的有效性。三是服务群众精准化。在大数据平台中，党组织能够更加精准地把握群众的现实需求，提供有针对性的群众服务。

（三）方法智能化

互联网党建平台正在不断推进城市基层党建工作的智能化。

---

① 高德胜、钟飞燕、徐冬先：《城市基层党建工作十讲》，人民日报出版社 2020 年版，第 261 页。

智能化方法有助于提前预判趋势，辅助组织决策，并提升决策科学性和精准性。通过智能化手段，可以构建不同模型测算下的风险预警体系，有助于党组织快速响应风险。比如，根据网络舆情动态，准确判断走势，并及早做出纠偏和澄清，避免舆论发酵升级。通过智能化的计算，也可以提供更好的党群服务，适应党员和群众的切实需求，有助于党组织决策的科学化，避免"拍脑袋"问题。

二、互联网党建平台的建设目标

社会治理走向智能化、精细化是时代发展的必然要求。在"互联网＋党建"发展的新阶段，信息技术的发展、移动智能终端的普及以及基层治理的日益复杂化，无疑将推动新时代基层治理走向智能化、精细化的发展新阶段。与此同时，"互联网＋党建"模式应运而生，而这一模式的出现也彻底改变了既有党建工作的理念与形式。

（一）智能化党务管理平台

对基层党组织来说，党务管理主要包括党员信息档案管理、入党管理、党员迁移管理、党费管理、党组织信息档案管理等多个方面。构建智能化党务管理平台要利用现代信息技术和大数据管理资源，突破制约党建管理工作的瓶颈，提高党建管理工作的效率。

对于党员信息档案的管理，智能化党务管理平台通过数据分析记录党员成长历程，运用流程记录党员学习痕迹、参会情况，建立各级党员信息簿，形成党员档案库，可实现点对点精细化管理，及时掌控基层组织情况，进而提高党内人员信息透明度。例如，温州市瓯海区新开发试行的智能党建管理系统，要求党员参加组织生活会时用二代身份证签到。上级党委通过察看后台，对党员参与组织生活次数、先锋指数分值、志愿服务积分等情况进行摸排了解。对入党工作进行智能化管理，如成员从申请入党到转正的材料在线提交、在线审批，这便于管理各类材料，提高工作效率，确保入党工作的科学性和规范性。此外，对党员迁入迁出工作进行在线管理，了解党员的移动足迹，省去以往纸质材料的传递工作。而在党费管理方面，可通过智能化统计和核算，清晰盘点党费的缴纳情况。同时，可通过时间设置，提醒党员按时上交党费。对于上交的党费，可通过大数据及时核算明晰每笔款项的去处。在党组织信息档案管理方面，可按照层级设置管理权限，录入各级党组织的人员结构、党员发展、党组织活动等信息。

（二）智能化学习教育平台

加强党员教育、提升党员素质是党建工作必不可少的一部分。党的十八大以来，以习近平同志为核心的党中央高度重视加强党员教育管理工作，推动形成全党从严从实抓党员教育管理的良好态势。通过深化党规党章学习教育、持续抓好全体党员经常性学习教育、坚持对深层次问题进行引导，把理论成果转化为谋划城市党建工作的具体思路、破解难题的措施方法，推动城市基层党建工作取得实际成效。互联网时代，借助微信、微博、移动客户端等新媒体平台开展党员教育，有效地打破了学习教育的时空限制，使党员学习常态化。

构建智能化学习平台，提升基层党组织学习效果。一是变"要我学"为"我要学"，提升学习主体的主动性。利用 VR、AI 技术开设党课，使党员们身临其境感受红色基因。比如党史教育学习中，党员通过 VR、AI 参观党史馆、体验红军过草地等，提高红色教育的趣味性和生动性。二是变"泛泛学"为"精准学",提升学习内容的实用性。运用数字技术制作扫码党课,党员可以随时随地通过手机扫码,实现灵活选择在线听课或离线听讲。成立学习小组,坚持每个工作日发布"学习日历",利用碎片化时间进行最新理论政策"分段分节式""庖丁解牛式"学习。开发青年理论学习子模块,定制个性化学习清单,精准推送理论和业务的最新学习内容。三是变"独自学"为"交互学",提升学习形式的互动性。以"共享党课"为抓手,开展在线自驱共享式学习,组织全体党员讲党课,通过录制党课微视频,上传到数字党建云平台,由全体党员共享,讲课人和共享人自动获得平台积分。开展争创党员网红和党员达人活动,孵化党员网红和党员达人,组成党员网红组和党员达人组,发挥示范带动作用。四是变"延时学"为"即时学",提升学习进度的时效性。开发设置学习进度提醒功能,对于党中央最新的文件精神,各级党组织是否层层传达到位、每位党员是否及时学习都将有迹可循;对于理论学习进度滞后的支部,给予适时提醒,从而保障各支部及时领会中央最新文件精神,更新掌握相关领域的业务知识。例如:宁波市充分挖掘红色资源和城市文化,分领域建立 220 个不同类型、遍布全市的开放式组织生活基地,在党建地图中进行重点标识,发布 60 余个创意组织生活案例,线上线下承接活动订单;运用云存储技术,对接"宁波红"等党员教育平台,将不同领域、不同地域的微党课、专题党课、党史故事等搬到网上,让相关内容被万千党员播放、转载、学习。

(三)智能化公共服务平台

随着社会经济的发展以及信息技术的普及应用,城市的公共服务日趋完善,服务方式日益多元化、精准化、智能化,城市基层党建服务也需及时跟进。互联网时代,必须依靠大数据、云计算与移动互联等新兴技术的融合，构建智能化公共服务平台，拓展党务工作的深度和广度，提高党群服务的质量和水平。

智能化公共服务平台除了实现智能化党务管理、智能化学习教育的功能，最重要的是建立与企业、社会的服务对接，通过与社会组织、市场主体、民办社工机构的合作，提供完善的公共服务，提升专业化服务水平。在服务范围上，围绕"大党建"思维，不仅要实现市、区、街道、社区党组织的四级联动，更要推进街道社区党建、单位党建、行业党建的互联互动，特别是扩大新兴领域党建覆盖面。在内容体系上，服务范围覆盖党的政治、作风、组织、宣传等。[①]

（四）智能化党建宣传平台

随着信息化、网络化、全球化时代的到来，各国、各地区之间信息交流日益频繁和复杂，不同文化、不同思想的碰撞越来越多。在这样的时代背景下，做好党建宣传工作，具有重要的政治意义。

要做好宣传工作，不仅要增大宣传力度，还要把握时代特征。首先，要做到对象化宣传。正如列宁所说："对马车夫讲话应该不同于对水手讲话，对水手讲话应该不同于对排字工人讲话。"[②]针对城市居民、在校学生、基层干部等特定人群，要围绕其思想认知和现实利益诉求进行信息输送，提供精准的、多元的、符合现实需求的宣传内容。其次，要做到互动化宣传。信息技术的发展使信息传送双方及时互动成为可能。在党建宣传过程中，要充分利用党建宣传平台带来的便利条件，使宣传方

① 高德胜、钟飞燕、徐冬先：《城市基层党建工作十讲》，人民日报出版社 2020 年版，第 270 页。
② 《列宁全集》（第 4 卷），人民出版社 1984 年版，第 236 页。

和接收方及时沟通互动，推进党建宣传教育的互动化。

三、互联网党建平台建设的新要求

（一）把握数据安全与数据开放的平衡

数据安全隐患与数据孤岛现象是互联网党建发展过程中必然会面临的问题。如何处理和把握数据的开放性与封闭性之间的张力，保障各层级党组织的数字权力和数字安全，从而实现数字技术赋能基层党建，是未来亟须破解的难题。[①] 为了确保数据安全，可以把数据分成三个层次：可公开的数据、依条件公开的数据和保密数据。第一个层次是可公开的数据，即纪委、党政领导、普通党员等可以查询到的数据。第二个层次是依条件公开的数据，即可依照法规或条例披露党政成员的相关数据，纪委等相关部门和普通党员可以依法申请公开，相关涉事部门依法公开数据。第三个层次是保密数据，即不可公开的数据，例如涉及党内秘密的数据、绝密档案等。通过对数据的分层梳理和实践运用，能够有效确定数据的使用方、归属方和责任方，防止数据在无序使用中造成泄露。在确保数据安全的基础上，打破数据孤岛：一方面要建立健全不同层级的数据使用和开放权限；另一方面，打破数据在上下层级和左右部门之间的流动障碍，建立不同部门的数据共享机制。

（二）把握工具理性和人文关怀的平衡

自从技术运用到商业领域和政府领域以来，技术是理性中

---

① 蒋来用、王阳：《健全和完善党内监督体系的系统性、协调性和有效性》，《重庆社会科学》2020 年第 4 期。

立的还是具有人文价值的，成为社会各界争论的焦点。主要表现在两个层面：一是从互联网党建平台开发过程的角度看，基层党组织在实践中，往往把技术当成一种理性的工具，不少应用场景建设往往以物为中心，以工程技术为导向，严重依赖计算机专家等工程技术人员，法学、社会学、人文学、心理学等领域学者参与相对不足，从而导致互联网党建平台在建设中缺乏相应的人文关怀。二是从互联网党建平台应用的效果看，数字技术有助于提升管理科学性和效率性，有助于党员跨越时空限制进行线上学习和参与线上组织活动。但是，过度依赖线上活动，则有可能导致党组织与党员之间情感联系的淡化和弱化。因此，在运用互联网、大数据等新技术时，如何把握工具理性与人文价值之间的平衡尤为关键。

（三）把握数字伦理与数字治理的平衡

近年来大数据、人工智能等技术的迅猛发展，促进了互联网党建平台的快速迭代。一方面，数字治理在多个领域已经展现出了卓著的成效。比如，"智慧纪检"等功能，聚合了大数据的分析研判功能，对于防范党员干部的职务犯罪有着重要作用；但另一方面，数据伦理问题也得到社会各界广泛的关注。以"智慧纪检"为例，对于数据的充分收集和碰撞，确实可以发现党员干部违法违纪的诸多线索。但是，对于这些数据的收集是否涉及隐私等问题，关注度却有所不足。由于大数据、人工智能等技术尚属于新兴领域，国内立法相对比较滞后，因此，对于技术应用的限度和边界尚未达成法律上的共识。如果在数据的采集和使用过程中，忽视了数据伦理和隐私问题，则有可能出现技术异化问题。

第五章

大流动时代

浙江党建引领城市基层治理的组织创新

　　组织创新是基层党组织应对外部环境变化的重要行为。当前基层党组织的组织创新主要表现为服务型党建、区域化党建、网格化党建和枢纽型党建等。服务型党建的发展体现了基层党组织对社会服务功能的重视；区域化党建的兴起突出了党组织的区域联动优势；网络化党建的涌现有效补充和填补了城市基层治理的缝隙；枢纽型党建的形成则是强调了党组织的平台性功能和桥梁纽带作用，有效提升了党组织与社会的连接紧密度。本部分重点阐释上述党建组织形态的起源、含义、发展创新和未来发展方向。

第一节　服务型党建

进入 21 世纪后，伴随着中国大流动时代的到来，社会矛盾愈加凸显，社会问题复杂交织，部分基层党组织软弱涣散，党员干部意识较弱，这些问题倒逼着城市基层党建越来越强化服务导向。就目前国内大环境来看，充分运用服务性思维开展各项党建工作，向服务型党建模式转型，是党顺应国情变化做出的历史选择。服务型党建模式作为城市基层党组织的一项重要工作形态，更是对基层党组织功能的有力补充，能够进一步发挥城市基层党建的作用。

一、起源与含义

党的十八大报告中，建设基层服务型党组织这一概念首次被正式提出，报告中指出，要加强基层服务型党组织建设，强调要把服务群众、做群众工作作为服务型党组织建设的基本内容，服务型党建模式首次以书面形式出现在中央文件中，这也意味着未来中国基层党建的发展有了新的方向与思路。

基层服务型党建由来已久。2002 年，党的十六大报告中提出，社区党建要以服务群众为重点，打造党建工作新局面。自此，全国各省区市开始了初步探索。2008 年，贵州省遵义市委顺应基层党建工作的新形势新要求，开始进行服务型党建模式的探索，并在第二年向全市推广，采取了包括搭建四级服务网络平台、强化各级党员干部队伍建设、整合各部门资源等措施。

2010年，浙江省开展以学习实践科学发展观、建设服务型基层党组织为主要内容的"之江先锋"创优争先活动①，带动了服务型党建的发展。这两地的初步实践为服务型党建提供了宝贵经验，并引起中央层面的高度关注。2012年是"基层组织建设年"，在这一年召开的党的十八大上，党中央正式提出建设"学习型、服务型、创新型的马克思主义执政党"，并规定基层党建应"以服务群众、做群众工作为主要任务，加强基层服务型组织建设"，这为基层党建定下了重要基调。2013年，习近平总书记出席全国组织工作会议时强调基层服务型党组织建设的重要性，并指明服务型基层党组织是当前和今后一个时期发展的方向。2014年5月，中央办公厅印发《关于加强基层服务型党组织建设的意见》（下文简称《意见》），《意见》中全面阐释了"基层服务型党组织建设"的基本内涵、主要任务和发展方向，并要求各地各部门将基层党组织打造成"服务改革、服务发展、服务民生、服务群众、服务党员"②的坚强堡垒。党的十九大报告中重申了基层党组织的服务职责，并明确指出强化党对基层治理的领导，为基层服务型党建提供了新的要求。

基层服务型党建，顾名思义，其最核心的内涵是服务，突出强调党的各级基层组织及其所属党员的服务。基层服务型党建的工作重心是服务群众，因此，在基层党组织日常任务中，将党员群众紧密相连、凝聚群众、做好群众性事务是其工作的重中之重。总体而言，基层服务型党组织需要牢牢贯彻上级党组织的宗旨和执政党的执政理念，更需要紧紧围绕基层服务型党建这一工作重心，以服务群众为抓手，以联系群众为工作载体，通过各级基层党组织的辐射力，提升党在基层的领导力和组织

---

① 《浙江深入开展"之江先锋"创优争先活动》，http://zjnews.zjol.com.cn/05zjnews/ztjj/zjxf/。

② 《中共中央办公厅印发〈关于加强基层服务型党组织建设的意见〉》，http://dangjian.people.com.cn/n/2014/0528/c117092-25077701.html。

力。从近几年的建设过程中可以看出，服务型党建主要呈现以下四方面特征：一是扎根基层，强调通过发挥基层支部的主观能动性，来加强服务进而密切联系群众。[①] 二是工作理念从"组织管理"转变为"增强服务"。原先"组织管理"的工作理念难以适应现代社会的复杂化与多元化，与之相匹配的是增强服务观念。三是形式灵活多样。在实际工作中服务型党建没有相对严格固定的形式，各基层党组织可以根据自身情况因地制宜地开展工作，形式多变，鼓励创新。四是大多以项目为载体。在实际的工作开展中，服务型党建大多以服务性项目与活动为载体，加强与支部内部党员、区域内社会群众以及外界社会的互动交流。

二、发展与创新

随着政策的全面铺开及落实，整体上来看，基层党组织服务能力有很大提升，无论是服务阵地、经费保障等客观条件还是党员干部队伍的意识和能力等主观条件都有较大改善；与此同时，基层服务型党组织建设也面临不同程度形式化、政绩化的问题，服务实效性需要进一步提升；而社会治理现代化和城乡社区治理政策的提出，给城市基层党建工作提出了更高的要求。服务型党建开始了一系列不断深化、不断改革的转型探索。尽管在转型的道路上，各地区纷纷进行了大量的探索创新，但就目前的实际情况而言仍与真正意义上的服务型党建目标相差较大，许多落地工作服务、思想认识等方面仍难以达到群众的预期，在工作的开展过程中暴露出的问题也较为突出，具体表现在以下三方面：

---

①　王晶：《基层党建工作中存在的问题及原因分析》，《各界》（下半月）2018 年第 11 期。

第一，向服务型党建模式转型意识不足。从目前城市基层党建的发展现状来看，部分党建工作人员的党建观念比较狭隘，思维存在定势，对服务型党建的认识模糊、思路不清，对服务型党建的内涵及其工作要求理解不正确，仍习惯被动接受上级部门下发的任务，沿用之前的工作方法，缺乏创新意识和灵活度；许多党员人数较少的基层党支部还存在没有把服务型党建作为重要工作来抓的问题，导致部分党员干部服务群众的自觉性、主动性不足；除此之外，部分工作人员重业绩轻党建，以完成绩效考核为任务，在党建工作中更多流于形式，部分地区对资源共享的重视度不足，资源整合意识不强，共享机制尚未建立，从而导致党建工作事倍功半。

党员干部的意识问题是服务型党建转型工作中最为突出且普遍的难点问题。对此，各个地区立足于本地实际采取了不同的创新手段。近几年来，江苏省盐城市海丰社区上农办事处党支部认真贯彻落实党建主体责任，注重提升党员意识，积极拓宽党建思路，通过橱窗、宣传栏等平台公开本地党建工作实际开展情况，在基层党建过程中坚持党务公开，不断推动党建工作公开化、透明化，提升党员干部服务群众的自觉性；同时成立多个自治组织，完善居民自治制度、监督民生工程建设情况、按需召开居民议事会等，全面提升群众参与基层党建的积极性。

第二，对服务型党建的发展定位不清。自从党的十八大提出要加强基层服务型党组织建设这一重大任务，各地城市基层党建工作对党组织功能重新定位，工作思路不断创新。但从当前实际工作情况来看，在部分城市中，基层党建工作与城市治理仍旧是"两张皮"，基层党建工作被当作城市治理内在包含的一项政治性任务，造成了党建工作只停留在理论层面，与实践层面的城市治理包括公共服务管理、城市现代化建设等脱节，无法将党建工作的成果嵌入社会治理中。此外，现阶段随着各级党务政务服务中心的建立，便民服务虽然得以实现，但真正要实现从便民、利民到富民的转变，还需要深化拓展服务内容，提高城市基层党建工作的科学化水平，搭建"全方位、多层次、综合性"的服务载体。

明确建设服务型党组织的发展定位，找准适合本区域的工作模式，是实现城市基层服务型党建真正落地的关键所在。浙江省东阳市在服务型党建工作中，通过搭建各类网络服务平台，增强服务意识，转变工作方法，深化对流动党员的管理和服务；建立群众集中诉求会议制度，反映基层群众诉求，帮助广大群众解决生存发展、民生保障、矛盾纠纷等一系列问题，增强基层党建工作的渗透力。同时，创新党建模式，把支部建在产业链上，把"横漂"党员集中起来，推进基层党建的动态延伸和全方位覆盖，实现组织资源、人才资源、物质资源、信息资源的互补共享。

第三，党务工作人员的工作能力有待提升。目前，城市基层党务工作队伍的结构不尽合理，分布大多不均衡，部分岗位编制紧缺或由其他在职人员兼任，且呈现出老龄化趋势，部分党务工作人员的思想政治素质有待提高、思想观念陈旧、工作方法老套、技术能力较弱，较难适应互联网时代下对信息技术以及新兴媒介的操作运用。同时，部分服务型基层党组织建设的评价体系和奖惩制度还没有完全建立起来，导致党员干部参与工作热情度不高；此外，党务工作者工作作风有待提高，部分基层党务工作者工作作风漂浮，搞形式主义、官僚主义等，且部分区域对人才引进认识较弱，服务群众的党建队伍长期固化，没有新鲜血液的注入，创新意识不足，党建活跃度较低。

建设一支高素质的城市基层党组织队伍是提升基层党建工作科学化水平的关键性举措。多地基层党组织针对这一问题实施了一系列创新举措。其中天津市静海区采取的三大举措有效针对党员干部工作能力较弱这一问题，取得了良好成效。一是组建有能力的人才队伍。拓宽视野选拔优秀人才，积极引导大学生任职，不断改善党员干部队伍结构。通过针对性地设置矛盾调解员、民事代办员等岗位，形成专业对口的服务合力。二是强化教育培训工作。定期进行党务工作人员的工作能力专业化培训，依托"静海党员在线"这一平台，建立党员干部在线学习系统，方便区域内党员随时随地学习。同时强化教学实践基地建设，在理论教育的基础上重视党务工作人员的实践培训。三是发挥模范示范作用。静海区创新党员管理机制，实施在职党员依岗承诺，所有党务工作人员每年公开承诺，主动接受监督，在约束党员行为的基础上发挥先锋模范带头作用。

三、未来发展方向

城市基层服务型党建是一项综合性建设工程。要想保证基层服务型党建的力度与深度，必须提高基层服务型党建的战略高度和忧患意识，在城市基层服务型党建过程中，坚持创新精神，遵循党建的一般规律，推动城市服务型基层党组织的组织转型和职能定位，同时在建设过程中，必须坚持党的群众路线，注重实际效果、解决实际问题，深入推进城市基层服务型党建工作。未来服务型党建可以从以下三方面进行探索创新：

第一，加强服务型党建工作的思想建设。鉴于改革开放后出现的一系列党建活动流于形式、缺乏凝聚力和战斗力、群众反馈不佳等问题，应在推动服务型党建的过程中增强忧患意识、长远意识和全局意识，不断推进理论创新，用先进的理论指导党的建设。同时，在实践中要坚持实事求是的精神，结合社情民情，积极探索有效的党建模式，坚持群众路线，使城市基层服务型党建工作能够落到实处。在具体工作的开展过程中，应持续推进"两学一做"学习教育常态化，并形成相应的学习制度，在城市基层党建中全面开展"不忘初心、牢记使命"主题教育，通过深化党章党规学习教育等方式强化思想建设，紧密结合服务型党建工作推动发展、服务群众、凝聚人心、促进工作精准实效，实现对城市基层党建实践工作的前瞻性与针对性、思想性与通俗性、说理性与生动性的有机统一。

第二，建立完善的工作体系。一方面，要将服务型党建的基本原则加以制度化，包括服务型党组织的工作宗旨、指导思想、管理制度、监督制度等；另一方面，把好的经验和方法制度化，从而健全和完善服务机制，提高服务型党建的广度和效度。但是在建设服务型基层党建的过程中，要想保证服务效果，充分调动党员队伍建设的积极性，就必须建立一套有针对性的考核标准。通过思想教育提高党员的政治觉悟，加强考核机制建设，制订合理有效的考核标准来规范党员干部行为。在考核机制中，要重视群众监督的作用，将群众监督纳入考核体系，保证服务真正落实有效。

第三，提升党员干部的服务工作素质。城市基层党建干部的整体素质不仅影响到城市基层的经济发展和社会稳定，还影响到党在广大基层的执政基础。提升党务工作人员的服务工作能力，首先应注重思想素养的提升，明确对党的认知，严格对自身的要求；同时，借助结对帮扶、以老带新等形式，在服务实践中积累经验、提高技能，在提升党务工作人员工作自觉性的基础上增强专业性。此外，着力坚持正确用人导向、广开进贤之路、加强后备队伍建设，以服务队伍的形式不断提高服务能力；更应继续抓好作风建设，充分发挥党员在服务活动中的主体作用，发动党员干部组建志愿服务小组，积极为群众提供政策咨询、信息联络、法律援助、义务巡逻、纠纷调解、环境卫生监督、农技服务、困难救助等服务。

第二节　区域化党建

改革开放以来，单位制党建所契合的社会大环境日益被解构，越来越难以适应新时期社会发展的需求，城市基层党组织建设过程中出现了"离散化"与"悬浮化"的现象。正是基于社会形态的深刻变迁，以及推动城市社区共治的紧迫需求，中国共产党在实践探索中摸索出了城市基层区域化党建新模式。

一、起源与含义

对区域化党建的深刻理解，需建立在对单位制党建充分认识的基础之上。"单位制党建"，即结合"支部建在连上"的传统党建原则和"单位社会"的特殊社会形态共同塑造的基层党建模式，与单纯指在组织内部建立党组织、开展工作的"组织内党建"有所区分。传统的基层党建体制与"单位社会"相适应，因而被称为"单位制党建"模式。这种模式是在计划经济体制背景下提出的，党组织在封闭的单位内把政治功能、社会功能、经济功能有机结合在一起，实行行政化运作，使得党建工作趋于功能化、封闭化、垂直化。然而，随着市场经济的不断发展，社会结构日趋多元化、开放式，逐渐出现横向扁平化的行政关系。传统的"单位制党建"难以适应新环境，暴露出了一系列问题，社会整合功能不断削弱，导致基层党组织的政治影响力逐步减弱。因此，区域化党建的生成是中国共产党在新时代背景下遵循现代社会发展规律和现代化建设的内在需求所做出的一次深层次的结构性调整。

2004 年 10 月，中共中央组织部召开全国街道社区党的建设工作座谈会。座谈会针对新时期经济社会发展变化出现的新特点，就街道、社区党的建设首次提出"区域性大党建"这一概念。此后，党的十七大和十八大报告就创新基层组织建设，探索区域化党建工作，提升基层党的建设科学化水平进一步做出新规定和新要求。在此背景下，广大基层党务工作者在实践层面对区域化党建进行了一系列积极的探索，各地先后形成了各具特色的区域化党建模式。比如，上海市在加强社区基层党组织建设中，积极探索构建以街道党组织为核心、社区党组织为基础、驻区单位党组织和社区内全体党员共同参与的区域化党建格局。① 近几年，区域化党建在全国范围内掀起热潮，各省区市根据自身特点创新开展区域化党建，形成了各式各样的区域化党建模式。

自"区域化党建"被提出以来，学术界对其内涵的界定有不同的观点。总体而言，区域化党建主要按照区域统筹的理念，运用市场化和信息化手段，在一定的区域范围内，通过整合体制内外党建资源，实现区域内资源共享、共同发展的新型党建模式。就区域化党建的功能而言，主要包括政治引导、社会整合、资源统筹、服务群众四个方面。在区域化党建工作中，各级党组织传达党中央的大政方针，处理日常党务、管理教育党员，更好地发挥了政治引导的功能；同时，区域化党建更多关注基层群众的需求，将矛盾化解在基层，充当社会整合的桥梁作用；在推进区域化党建的进程中，党组织在统筹人才资源、技术资源、组织资源的过程中发挥了重要作用，充分利用各种组织资源解决社会问题；最后，区域化党建始终将服务群众作

---

① 中央党校第 32 期中青一班一支部社区党建调研组：《提升社区党组织引领社会建设的能力》，《党建研究》2012 年第 7 期。

为一切工作的出发点和落脚点，通过基层党组织时刻关注人民群众的问题与需求，以问题为导向，以服务为核心开展工作，接近基层、服务基层。

二、发展与创新

当前，在基层党组织和党员的共同努力下，各地立足实践、注重实效，无论在定位转型、组织设置，还是管理方式、操作技术上都形成了一些行之有效且独具特色的做法，推动了区域化党建创新。但由于区域化党建是党的建设中的一个新事物，城市基层党建工作者对其内在的规律和运行机制还处在不断探索和完善过程中，因此，在各地区域化党建模式的实际建设过程中，不同程度地出现了一些相似的问题：

第一，各主体参与积极性不高。目前，全国范围内的城市基层党建不同主体间参与积极性与热情度具有一定的差异性。党政人员参与积极性普遍较高，主要是出于政绩考核的考量，进而广泛参与各类城市基层共治创新项目。且由于多元主体缺乏实质的参与途径与治理权威，真正能在区域化党建过程中发挥作用的企事业单位较少，部分在区域化党建联动活动中表现出严重的消极与被动态度，进而导致社会力量参与度偏低，这一现象也使得难以实现真正的协商共治，一定程度上阻碍了城市基层党建工作的转型发展。

区域化党建作为社会治理主体多元化背景下形成的党建新模式，统筹区域内的党员干部、社会组织、人民群众等社会治理的多元主体参与基层党建是有效推动区域党建创新的关键环节。浙江省平湖市与上海市金山区以党建为突破口，创新实行毗邻党建引领区域联动发展新模式，为推进平湖、金山两地共赢发展和长三角高质量一体化发展提供了样本和经验。平湖市委与金山区委、两地相关职能部门组成的六个专门工作小组以及新埭镇与枫泾镇、新仓镇与吕巷镇、独山港镇与金山卫镇、广陈镇与廊下镇等四个毗邻地区的"1+6+4"合作框架。此外，两地还建立联席会议制度，定期召开工作例会，共同谋划合作事项，协商交流问题做出决策；毗邻镇、村社区、"两新"组织等同步建立协商机制，共同研究部署共建工作。平湖与金山两地的毗邻党建作为区域化党建的典型案例，有效打通了两地的资源，促进了两地一体化发展。①

第二，行政色彩浓烈。在区域化党建理念下，部分地区仍保留传统单位制党建模式下的行政思想和做法，没有真正践行党组织与其他社会群团间地位平等的理念。目前基层党组织架构的设置包含党政功能，并没有进行有效分离，基层党建工作出现组织结构重叠、办事程序冗杂等诸多问题，在开展工作中容易造成交叉现象；且领导干部对每一职能模块无法进行充分有效的指导和监督；此外，除党务工作者这一参与主体之外，其他参与主体不具有行政强制力，容易沦为形式主体，难以有效发挥功效。

在城市基层党建过程中，"政府主导"一直是长期存在的明显性问题。针对这一历史问题，杭州市基层党组织设置方式大胆创新，组织覆盖面不断扩大延伸，其中律师行业、商务楼宇、规模以上非公有制企业和流动党员党组织覆盖范围广。在城市基层区域化党建过程中，还注重增强组织之间的横向联动。比如，杭州市西湖区西溪街道成立了西溪街道欧美中心（EAC）楼宇集群党委、企业服务中心、管委会三个机构，"三位一体"整体推进，探索党建与经济互促、服务与发展互进的"楼宇党建"新模式，实现了楼宇集群党委、企业服务中心、管委会的有效沟通与横向联合。

① 《浙江省平湖市：毗邻党建模式打造长三角高质量一体化发展新样板》，http://dangjian.people.com.cn/n1/2019/0917/c429005-31358120.html。

第三，党建工作重形式轻实效。首先，在开展工作的过程中，部分党务工作人员还是会受到传统思维方式、传统工作模式的影响，导致最终工作效果不佳；此外，部分党务工作人员受自身专业素质、学习能力的影响，较难快速适应城市基层区域化党建模式下新的思想理念和工作方法，进而使得党务工作人员对区域化党建的理解仅停留在表面，无法对区域化党建进行深度的探究与思考，在党建工作中出现生搬硬套或仅听上级领导指示而无任何创新的问题。其次，党建活动、项目的参与人员大部分为党员，党员参与活动很大一部分原因是其与年终考核挂钩，会影响年终奖金与晋升，进而表现出一定的形式性与被动性。

城市基层党建工作中走形式、重绩效现象是阻碍区域化党建良性发展的重要因素之一。针对这一普遍性问题，上海市嘉定区嘉定镇积极探索区域化党建在基层层面的落地形式。经过多年的实践摸索，嘉定镇社区（街道）党工委整合了活跃在辖区内群众自发组织成立的"睦邻点"等活动团队，形成了街道党工委统揽引领、辖区党组织积极响应、睦邻党建服务中心具体运作、独具嘉定镇街道地域特色的党建共建新模式——"睦邻党建"。[①] 在此基础上，街道党组织因势利导，将党建元素注入和谐社区建设中，并借助区域内乡规民约、风土人情等历史文化资源，将独特的人文情愫注入区域化党建，成立了上海市第一家采取区域化党建模式运作的社会组织。与传统体制内的政治组织不同，睦邻党建服务中心贯彻组织集约化、运作项目化和服务共享化的原则，设立社区睦邻党建服务站，统一负责联系辖区各类党组织。[②]

---

① 《睦邻党建：区域化党建共建新模式》，《上海党史与党建》2015 年第 1 期。

② 《十九大时光——深耕细作固根基 基层党建强活力》，http://www.jiading.gov.cn/zwpd/zwdt/content_440725。

三、未来发展方向

总体来看，当前国内许多城市都有了不同程度的摸索与创新尝试，虽仍处于待完善阶段，但作为创新基层区域化党建的形式，推动了全国区域化党建的健康深入发展。在此背景下，探究未来城市基层区域化党建的优化路径，既是践行当前城市基层党建内在规律的实践要求，也是提高党建科学化水平，加强和创新基层治理的关键。未来区域化党建可以从以下三方面进行探索创新：

第一，建立多元主体共治的基层党建治理结构。基层党建治理的核心在于共治，共治是多元主体参与互动、沟通协调的过程，是实现党组织治理、社会调节和多方力量共治的动态协调。党务工作人员应加强在未来城市基层治理的过程中开展区域化党建的重要认识，更多关注多元主体参与、多方行动协调、治理资源整合等方面，重视结合企事业单位、行业协会组织及各领域党组织、社会群体的力量，实现多元主体共治共建共享共赢。同时，注重提升党务工作人员的专业性和主动性，进而加强其引领带动能力，动员更多社会力量的参与互动，因地制宜，结合当地特点创新工作方法，增强当地多方主体的参与积极性和互动有效性。

第二，在组织架构的设置上去行政化。未来区域化党建如果一味地按照单位职能、行政区划、条块管理的组织设置模式和运行机制开展工作，将难以适应经济社会多元化、开放式的发展趋势。因此，区域化党建的组织设置要实现党政分离，使区域化党建组织独立出来，成为一个完整的组织体系，这样可以避免职能部门出现功能交叉重叠的情况，做到各组织部门的有效衔接，加强完整性和专业性。同时，重视街道党工委、社会组织等自身功能，发挥其管理职能及服务社会的重要职能，并通过与其他组织之间的互动机制来完善相应的体制，真正为社会公众提供更多精准服务；依托区域化党建联盟、协会等平台，引导企事业单位充分参与各项活动，进一步加强各专业委员会的建设，通过基层党建工作推动专业领域的项目化合作；强化对行政派出机构的双重管理，打破传统体制下资源分布不平衡的现状，促进区域化党建资源在各主体之间的流动，通过加强对相应公共事务的调控以及宏观掌握来进行整个社会的协调合作，从而真正实现去行政化，真正由管理模式转向服务模式，真正促进城市基层党建工作的有效开展。

第三，提升服务质效，优化工作理念，强化党群关系。首先，党组织在开展区域化党建工作过程中要立足基层、时刻关注基层组织的需求，各级党组织应贯彻并执行理解基层，服务基层、支持基层的党建工作理念，在准确把握基层党组织工作重心与社会主体利益诉求的同时，平衡好工作原则和群众利益诉求，为实现基层公共利益最大化提供契机、拓展空间、畅通路径，以良好的治理环境支持各社会主体良性发展；其次，区域化党建工作应以民众需求为导向，畅通需求表达、服务决策和服务供给的渠道，适应服务责任下放的要求，为群众提供切实有效服务，以改善民生为重点设立社务、政务、党务等针对性服务机构，不断强化基层服务责任、规范服务行为、建立服务标准、提高服务效能。最后，在工作方式上要从传统的任务指派思维转变为目标导向思维，把创造发挥的空间留给社会，要认识到基层治理工作的复杂多变，给予基层组织更大的自主权和独立性，充分发挥基层治理的能动性，适当建立容错机制，鼓励基层大胆创新、探索实践，提升自治能力和解决现实问题的自治水平。

第三节　网格化党建

目前，在经济全球化、信息化、城镇化进程不断加快的社会大背景下，一系列变化带来的矛盾日趋复杂、管理难度日益增大，伴随着群众参与意识与权利意识的不断提高，社会基层治理领域也出现了前所未有的难题，传统的治理方式很难适应现实情况的变化。同时，在全面从严治党的大背景下，社会管理和治理领域迫切要求加强城市基层党建工作，城市管理重心逐渐下移，上级管理权力逐级下放，迫切需要通过网格化管理模式和网络化载体创新实现基层治理现代化。城市基层党建网格化模式正是新时代基层党组织在顺应历史条件变化和解决传统党建难题的背景下做出相应调适的新兴产物，基于这一背景，网格化党建模式应运而生。

一、起源与含义

自单位制逐渐瓦解，社区成为城市建设的基本单元开始，国家的治理重心也开始逐渐下沉到基层。习近平总书记强调，"党建工作的难点在基层，亮点也在基层"[①]。党的十八届三中全会提出，要"创新社会治理体制，以网格化管理、社会化服务为方

---

① 李景田：《巩固党长期执政的组织基础——创新新时代城市基层党建工作》，《党建文汇》（上半月）2019 年第 3 期。

向，健全基层综合服务管理平台"①。党的十九大强调，要"完善
党委领导、政府负责、社会协同、公众参与、法治保障的社会
治理体制"②。自党的十九大召开以来，中共中央不断强调党的基
层组织建设对党执政和国家发展的重要性。开展网格化党建工
作，是落实习近平总书记和党的十九大关于加强党的基层组织
建设部署要求的具体举措，也是破解城市基层治理诸多难题的
有效路径。

所谓网格化治理，是指借助网格化信息管理平台等现代信
息技术，对网格内的人、事、物进行智能化治理，重在强调整
合原有职能部门的服务管理资源，加强横向协作、资源共享和
信息互通，有利于打破原先治理体制下的"条块分割"与"信
息孤岛"，实现现代化、主动化、定量化、系统化和综合化的治
理，既有利于提升城市基层治理的效率和水平，又能推动"共
建共治共享"。把网格化理念从社会治理领域引入城市基层党建
工作，即推行城市基层网格化党建，运用数字化、信息化手段，
在城市社区辖区内根据党员的数量和分布情况，按照住宅区、
商务楼、街道、各类园区等单元划分成若干个网格，成立网格
党组织，把党组织服务融入城市基层的每一寸和基层工作的每
一处；同时通过网格内党建资源的共享运用，实现党建资源的
整合互补。从实践上看，网格化党建是基层党组织跟随时代变
化、依据现代技术而创新的党建引领、多向联动、资源共享的
城市基层党建新模式。

新时代城市基层网格化党建作为时代发展和社会问题推动
下的产物，既建立在传统党建工作的优势上，又聚焦于当前基
层党建产生的新问题，在增强党组织的服务功能、整合共享党

---

① 《推进网格化管理 健全服务新体制》，http://dangjian.people.com.cn/
n/2015/0214/c117092−26567291.html。

② 《习近平提出，提高保障和改善民生水平，加强和创新社会治理》，
http://cpc.people.com.cn/19th/n1/2017/1018/c414305−29594508.html。

建资源、多领域多组织联动合作等方面有重要作用，呈现出服务性、多元性、联动性和智能性的新时代党建特征。一是服务性。城市基层网格化党建凭借网格自身的组织结构和人员优势，从协调各大主体之间的良性互动关系、完善公共服务的配套设施、转变服务对象的观念等路径着手，在搭建全方位网络服务体系、提供新型社会化服务上实现了巨大的突破。二是多元性。城市基层党建网格化的管理主体不仅仅是传统党建那样以单位为主体，而是由政府、基层党组织、社会群体、各类社会组织等多元主体构成。三是联动性。网格化作为一种新型治理手段，通过城市网格化管理信息平台有效实现党建资源的跨单位整合，进而实现市区联动、资源共享。四是智能性。网格化党建的管理手段日益数字化，如运用云计算、物联网、手机 App、微信小程序等多种现代信息技术，实现"科技"与"党建"相互融合。此外，部分地区逐渐开始构建智慧化党建平台，使基层党组织在大数据时代下不断进行转型升级。

二、发展与创新

目前，在城市基层党建领域，"充分发挥党建引领作用，积极探索网格化党建"已经成为全国各大城市探索基层党建路径的热门趋势。但是，作为一种新型治理模式，党建工作在各大城市开展的过程中暴露出了一系列新问题、新挑战，对基层的党建工作和社会治理能力提出了严峻考验。

第一，行政化色彩浓烈。虽然以网格化党建为引领的城市基层治理模式建构的初衷在于推动社会治理重心向基层下移，充分发挥社区、社会公民的自治作用及社会组织的主体作用，但是，在网格化党建的运行过程中，仍夹杂着国家权力渗透的色彩，过于强调行政化导致社区、公民群众更多扮演着被管理者的角色，而不是自治管理者、参与者的主体。其次，带有行政化色彩地开展工作一定程度上过分地夸大了网格的作用，部分地区一切事务、问题都借助网格化治理处理、解决，不仅使得党建内部工作人员工作量加大，还容易使治理效果适得其反。

如何在网格化党建过程中真正做到去行政化是当下众多城市基层治理中的经典难题。近年来，浙江省诸暨市不断推动新时代"枫桥经验"向城市社区延伸，积极探索党建统领、数字赋能、五社联动的创新实践，构建"共建共治共享"的社区治理格局，打造了城市版的"枫桥经验"。诸暨市通过织好支部建在小区上"一张网"，将党的组织覆盖到小区，延伸至楼道，逐步构建以小区党支部为核心，业委会、监委会、群团组织、物业企业等有效协同的小区组织新形态。目前已建立党支部224个，小区党支部单建率超70%。① 同时，依托数字化平台赋能小区治理，党支部能够及时了解民情民意，挖掘小区居民潜在需求，预防和化解小区矛盾。

第二，网格区块划分有待优化。从大部分城市实施的具体情况来看，首先，因为历史遗留等诸多原因，部分地区界限划分不清，导致党务干部扯皮推诿，形成了网格化治理中的"盲区"，故而难以进行有效管理。其次，部分网格管理规模划分差异较大，网格规模是由网格中的民众数量决定的，一个网格户数过多，容易加重网格管理人员的工作负担，同时也增大了精细化管理的难度。最后，众多网格由于隶属关系等问题导致区域内资源条块分割不清，也较难整合，再加上各类力量共同参与治理的积极性参差不齐，社会力量参与积极性较低，使得网格内条块之间的紧密性、合作程度较低，进而导致工作难以高效化开展。

科学合理划分网格区块是网格化党建成功与否的关键。2011

① 《诸暨市谱写城市版"枫桥经验"三部曲奏响社区治理新乐章》，http://sxmz.sx.gov.cn/art/2022/5/13/art_1486624_58922985.html。

年起，杭州市余杭区将党建网与综治网"两网合一"，在镇街和村社层面推进网格化管理、组团式服务工作，网格化管理的工作理念和基层治理扁平化工作模式目前已初步形成。主要做法有以下三方面：第一，以基层治理网格为基础单元，三十名党员为上限，按照"地域相近、便于管理"这一原则，直接在网格上建立支部，实现全区内网格支部全覆盖；第二，按照一村社一组团的方式下派领导干部担任网格管理员，直接指导督促网格内大小事务；第三，全面推动网格内党员投身党建服务工作，要求网格支部党员走访群众、联系群众、动员群众积极参与网格内事务，做到党员密切联系群众常态化。

第三，信息化应用有待强化。保持网格化治理中信息畅通是提高治理效率的基础。伴随着大数据时代的到来，信息传递与接收的快捷性、便利度和多样化对单元网格之间信息互通、资源共享等都提出了新的要求。一方面，由于部分党务工作人员的传统观念还未完全转型，信息化意识不强，对于信息技术的应用操作水平仅仅停留在简单的基础操作层面。同时，群众对信息化的不关注也导致了相关新技术平台日常活跃度较低，进而无法发挥其实际效果，造成信息化资源严重浪费的现象。另一方面，就目前而言，各部门之间信息不对称、资源不共享及数据更新滞后、技术层面欠缺等问题突出，造成了当下较为被动的工作局面。

伴随大数据时代的到来，信息化应用在网格化党建治理过程中起到中枢核心的作用，加快推广数字化城市管理新模式已成为大势所趋。目前已有许多城市开始探索信息技术在城市基层网格化党建中的运用，积极推进"互联网＋党建""智慧党建"等。例如，浙江省宁波市高度重视运用信息化手段推进党建工作，是较早提出"智慧党建"这一构想的城市。从2003年开始，经过十五年探索实践，从单机到联网，从局部到全域，从信息化到智慧化，宁波市构建起覆盖基层党建各个环节的智慧党建运行体系，对基层党组织和党员进行实时管理和有效监督，初步形成了具有宁波特色的智慧党建运行模式。

三、未来发展方向

城市基层网格化党建是顺应"互联网＋"时代发展趋势、全面提升基层党组织建设能力的必然要求。目前，网格化治理模式已被广泛运用到城市基层党建领域。实践证明，探索实施城市基层党建网格化，有利于推动党建工作紧跟社会治理网格化新趋势，城市基层党建主动适应网格化治理新模式更有利于推动形成"共建共治共享"社会治理格局。未来网格化党建可以从以下三方面进行探索创新：

第一，完善基层治理体系创新。应不断创新网格化治理模式下的城市基层党组织管理模式，发挥党组织对网格内各类基层党组织的引领指导和资源整合功能。首先，始终坚持大党建工作格局，突出"块抓条保、条块联动"的工作理念，加强与其他职能部门、群团组织、社会组织、群众的合作联动；其次，进一步完善基层党组织内各网格支部管理建设，实现覆盖全面的网格化党组织体系；最后，强化责任意识，建立网格内责任机制，引入激励机制，通过量化评分考核网格支部党员的工作行为，用积分制管理方式与个人奖惩、教育培训和选拔任用相结合，不断促进基层党建与基层治理有效融合。

第二，科学合理划分网格区域。网格划分，应在党建引领下按照网格支部内党员数量适中、党建资源分布相对均衡的标准，并综合考虑区域内人口数量、地域面积、管理难易程度、乡土人情等要素合理划分为不同网格，根据每个网格的规模大小、空间布局、所属区域党员数量等情况，采取片线面相结合的形式，成立网格党组织，进行统一规范化管理。同时，也可采取单独组建、行业联建、区域统建、楼宇共建等方式进行基层网格党组织组建，尽量减轻网格管理员的管理压力，也方便重点管理。

第三，重视信息化在网格化治理模式管理过程中的作用，抓紧网格化党建信息平台建设。以创新党建工具反推城市基层治理体系的完善是近几年网格化党建的重要趋势之一，借助于新兴网络工具与信息化技术，构建"网格化＋大数据"的服务管理体系，包括即时性的信息反馈机制、全覆盖的信息联动平台、智能化的"云服务"体系等，将数字治理与网格管理深度融合，为群众提供更为精准高效的人性化服务。

第四节　枢纽型党建

　　社会组织是社会治理的多元主体之一。随着社会组织的产生与不断发展，如何有效管理社会组织、如何充分发挥社会组织的力量推动新时代党建等成为新时期国家发展急需解决的现实问题。[①]因此，在这一大环境下，发挥党建引领的作用，将基层党建与社会组织力量有效融合，探索枢纽型党建，进而引导社会组织深入参与基层社会治理，是城市基层党建工作创新的又一重要做法。

一、起源与含义

　　改革开放四十多年来，我国经济社会发生了深刻变化，人民生活水平得到持续改善，社会组织的发展也方兴日盛。但与此同时，社会组织爆发式增长暴露出了诸如行政化倾向严重、专业化能力不足、监管缺失等一系列问题。枢纽型社会组织是近几年理论与实践相结合的产物，作为政府与社区、社区与社会、社区与企业合作的桥梁，是促进社会组织专业化发展的重要环节。枢纽型社会组织的出现，可以有效改变目前部分社会组织政社不分、专业性能力不足等现状，弥补基层政府在社区治理和公共服务环节上的缺位。因此，强化枢纽型社会组织对于社

---

　　① 祁亚辉：《推动社会组织发展的思考与建议》，《海南日报》2013年11月12日，第6版。

会组织的引领和管理是推动社会组织纵深发展的必由之路。

枢纽型党建由枢纽型社会组织发展而来。枢纽型社会组织的概念最早由北京市提出。2008 年 9 月，北京市社会工作委员会出台的《关于加快推进社会组织改革与发展的意见》中提出枢纽型社会组织是指"由负责社会建设的有关部门认定，在对同类型、同性质、同领域社会组织的发展、服务、管理工作中，在政治上发挥桥梁纽带作用、在业务上处于龙头地位、在管理上承担业务主管职能的联合性社会组织"[①]，如区、街（镇）、社会组织服务中心或联合会等。2009 年，在《北京市关于构建市级"枢纽型"社会组织工作体系的暂行办法》中明确了枢纽型社会组织的完整定义。自此，以北京、上海、广东等地带头实践，全国各省区市开始枢纽型社会组织的探索。此后，党的十九大报告中明确提出要"发挥社会组织作用，实现政府治理和社会调节、居民自治良性互动"，并将此作为"打造共建共治共享的社会治理格局"的重要内容。[②] 在此基础上，2017 年 12 月，民政部发布《关于大力培育发展社区社会组织的意见》，提出"鼓励在街道（乡镇）成立社区社会组织联合会、社区社会组织服务中心等枢纽型社会组织"[③]。

城市基层党组织作为城市社会的政治领导核心，面对现代化进程中不断分化的城市基层社会，需要充分发挥枢纽型社会组织的社会黏合作用和整合功能，把城市各类社会组织有机统合起来，不断扩大城市基层党组织的社会覆盖面和社会影响力，进一步巩固夯实党在城市长期执政的社会基础。而所谓"枢纽

---

① 崔玉开：《"枢纽型"社会组织：背景、概念与意义》，《甘肃理论学刊》2010 年第 5 期。

② 《推动社会治理重心向基层下移》，http://theory.people.com.cn/n1/2018/0619/c40531-30065096.html。

③ 《民政部关于大力培育发展社区社会组织的意见》，https://www.sohu.com/a/215387952_123753。

型党建"，是指运用枢纽型组织的发展模式与党建进行有机融合，将党组织建设成为"平台性组织"，进而发挥其政治引领、提供服务、整合资源等功能。总的来说，枢纽型党建是在城市基层党建出现边缘化、社会组织难以有效发挥其枢纽作用等问题的新时代下创新生成的一大党建产物。

从近几年的实践探索来看，枢纽型社会组织党建主要具有以下四方面的功能。一是贴近群众，创新模式。社会组织是群众自发成立的，相比党政群体更贴近群众生活，顺应基层社会治理发展规律，同时创新工作模式，偏好运用社会工作的方法和柔性手段与政府以及其他社会力量互动合作。二是扎根基层，资源优势显著。以社会组织为载体，社会组织、社工、志愿者可以形成整体合力，与社会公众保持密切联系，及时反馈社会公众的多元化需求以及政府的政策意图，提升基层治理的能力与水平。三是领域覆盖面广。枢纽型社会组织党建业务覆盖公共服务、公共管理、公共安全、公益事业等领域，社会组织枢纽型党建往往能够满足非规模化、多元化、个性化的服务需求。四是平台作用明显，政治引领目标明确。枢纽型组织与其他组织之间是"一对多"的关系，能够充分发挥平台型机构的作用，从而更好地发挥其政治引领的功能。①

二、实践探索

城市基层党建是一个不断创新、不断发展的领域，枢纽型党建正是这个领域中的新兴力量。现阶段，枢纽型社会组织党建工作的开展主要立足于以下五方面的建设：一是枢纽党建。通过搭建社会组织党建工作平台，把党建工作贯穿于社会组织发

---

① 李威利：《从基层重塑政党：改革开放以来城市基层党建形态的发展》，《社会主义研究》2019 年第 5 期。

展的始终。二是制度建设。通过不断建立完善党建工作制度，搭建社会组织与党和政府的沟通平台，以制度保证党建工作的有效性。三是文化建设。通过各地区的主题活动彰显党建工作的活力，将党建工作主题寓于文化主题活动之中，每年开展全区社会组织党建活动。四是人才建设。通过加强社会组织党组织队伍先进性建设、人才"软实力"建设，努力壮大社会组织骨干队伍。五是品牌建设。通过区域内品牌项目打造，提升社会组织知名度，增强区域内党员的归属感，进而提升枢纽型党建工作的有效性，充分发挥社会组织参与社会管理的作用。

三、未来发展方向

党的十九大报告强调，党的基层组织建设要以提升组织力为重点，突出政治功能。枢纽型党建的功能定位在于政治整合的政治性功能，同时也包括培育服务、沟通凝聚等社会性功能，政治功能是社会组织党建工作的核心要义，社会性功能促进并服务于政治性功能。未来，枢纽型党建的发展应该是将组织的政治性与社会性高效融合，以党建抓牢政治定位，以服务抓准社会需求，以政治性贯彻党的领导，以社会性维护群众利益，寓政治于服务之中，双向发力，真正在完善自身组织发展、有效聚合同类型社会组织的同时，架起国家与社会、群众之间有效沟通对话的桥梁。真正意义上的枢纽型党建，要将党组织作为引导社会组织参与社会治理的枢纽，将社会组织的服务项目与社区治理的需求对接起来。从这一目标来看，枢纽型党建任重而道远：一方面省市县各级的探索还没有形成成熟的党组织培育和服务社会组织的机制。同时，社会组织踊跃参与社会治理的局面也还没有形成。另一方面活跃在街道层面的社会组织仍然主要体现为半官方的社会组织，纯粹社会力量的参与仍有待加强。即便如此，在城市加速转型的现代社会，枢纽型党建仍是未来城市基层党组织培育社会力量的一个具有重要意义的实践探索方向。未来枢纽型党建可以从以下三方面进行探索创新：

第一，夯实枢纽型党建工作的群众基础。发挥主观能动性，主动深入群众开展党建活动。通过组织会议、户外拓展、开展主题党日活动等方式同群众加强联系，吸引更广大的社会群体参与其中，调动群众参与枢纽型社会组织党建工作的积极性，增强城市基层枢纽型党建的社会影响力和凝聚力；此外，通过发挥党员服务志愿者在党建过程中灵活性强、覆盖面广的优势深入群众开展工作，以入社区、入学校、入企业，甚至入门入户的方式为服务对象服务，将党员服务志愿者转化为枢纽型社会组织夯实其群众基础的实践者。

第二，完善枢纽型党建的软硬件设施建设。一方面，夯实党建工作阵地硬件设施，设立专门与各群团组织、各社会组织、企事业单位、媒体、群众等相联系的党建活动联系室，坚持"一室多用"这一充分利用原则，建设集党建联系室、党性教育室、党务会议室等多功能于一体的党建工作阵地，增强党建阵地的功能性。另一方面，完善党建工作网络软件设施，搭建党建工作信息交流网络平台，并通过与其联系较为紧密的网站、微信公众号等媒体进行推广，搭建党建信息互通共享平台，使党建信息在群团组织、一般性社会组织、企事业单位间及时发布和对接，以推动社会组织党建不断深化；再者，搭建党建沟通协商平台，发动枢纽型社会组织功能，代表社会群体立场，与所在区域各级政府进行直接沟通，从而实现党组织对其他社会组织的政治引领。

第三，增强枢纽型党建的工作保障。一方面，增强党建工作人员配备，从普通党员群体中选拔有能力、有责任、有担当的工作人员担任枢纽型社会组织中相关党内职务，推动枢纽型社会组织党内监督贯彻民主集中制，不断提升党组织的组织力，通过向上级党组织申请派驻党建工作指导员或配备专职党务工作者等多种形式指导党建工作的开展，将先进党建工作经验带向枢纽型社会组织，并同时注重落实党务干部的激励保障机制，激发党务工作人员的工作积极性；另一方面，增加党建工作的资金投入，在建立党建工作经费预算制度的基础上，通过鼓励枢纽型社会组织主动面向社会筹集资本、不断拓展筹资渠道等方式保证党建工作经费充足，从而使党建工作得以正常开展。

第六章

大流动时代

浙江党建引领城市基层治理的制度创新

　　制度是保障组织持续稳定发展的重要基础。在新形势下提升基层党组织在城市治理中的引领力需要一套行之有效的制度体系作为保障。权威的领导制度是强化党建引领力、提升治理聚合力、保持领导权威力的关键。灵活的工作制度是与党建引领多元共治格局相适应的，有利于释放多元主体治理效能的工作制度。构建高效的联动制度重点在于实现跨部门、跨层级的资源、信息和力量的共享整合，以放大治理效能。有效的监督制度则是保障基层党组织有效运行的基石。本部分重点对党建引领城市基层治理的主要制度创新进行讨论。

第一节　权威的领导制度

一、强化党建引领力

中国共产党领导是中国特色社会主义最本质的特征，党的领导是贯穿中国社会的建设与发展全过程的一项必备要素。中华人民共和国成立以来，中国共产党领导中国特色社会主义事业不断发展前进。但随着社会面貌的变迁和时代环境的变换，中国共产党的领导方式也要根据国情、社情、党情、民情及时完善。党的十九大报告明确将"坚持党对一切工作的领导"列为"新时代坚持和发展中国特色社会主义的基本方略"中的第一条，使其在新时代的背景下获得了新的内涵，也为这一时期党的建设指明了根本性的要求与发展前进的方向。同时，党的十九大报告在反思与总结历史经验和现实条件的基础上，旗帜鲜明地提出了新时代党的建设的总要求，其中，"坚持和加强党的全面领导"是新时代党的建设要求的重中之重，它阐明了党的建设的根本目的和根本原则。①这一论述的核心在于全面领导，中国共产党作为最高政治领导力量，其领导力覆盖党和国家工作的各个方面和各个环节。

对党领导一切的坚持与认可绝非一种盲目形成的态度，事实

---

① 姚桓：《深刻理解坚持和加强党的全面领导》，《人民日报》2017 年 12 月 15 日，第 7 版。

上，近代以来的历史经验、实践表现和理论逻辑都能够为党的集中统一领导的合理性与必要性提供支持性依据。近现代历史记录了中国共产党带领全国人民走向独立与解放，重获自由和尊严的历程，留下了奋力推进社会主义革命和建设的印记，回荡着实行改革开放伟大转折的决心和勇气，刻下了在党的领导下探索建立并不断改革完善具有强大生命力和巨大优越性的各项国家制度和治理体系的实践行动，这一系列积极作为证明了拥护和坚持中国共产党领导的合理性。从理论层面来看，马克思主义的一个基本观点认为，无产阶级必须组织政党才能保证社会主义革命取得胜利，而马克思主义政党不仅应当具备领导能力，而且一定要实现对无产阶级一切组织的领导。在确立政党的领导地位之后，马克思主义政党建设还重点关注着权威的维护问题。① 由此生发出的对中国共产党建设的启示就是，必须坚持党领导一切的核心地位，同时要注重对党中央权威的维护，保证党的团结和集中统一领导。回望中国共产党领导下的民族奋斗历程，中国共产党以其与时俱进的先进品质和朴实为民的责任情怀肩负起了全面领导中国特色社会主义事业的使命，以人民群众支持下不断强化的凝聚力和向心力带领着中华民族走在新时代改革与发展的征程上。毋庸置疑的是，党的领导是中国社会建设与发展走在正轨之上的根本保证。以党的旗帜凝聚民心和力量，昭示在党的领导下广大人民群众在社会建设中同向发力，团结一致地为中华民族的伟大复兴贡献自己的一分力量。

城市基层治理作为社会治理场域中的一个具体层面，其接受的领导力量和社会建设领域的领导力量是一致的。也就是说，城市基层的各项工作与治理活动都是在党委的领导下展开的，中国共产党的核心领导地位在城市基层治理的语境下依然成立。

---

① 求是编辑部：《坚持和加强党的全面领导》，《求是》2020 年第 14 期。

　　基层是国家治理与公众相接的终端，是社会力量最活跃的地带，而基层党组织则成为基层治理的"神经末梢"，承担起了指导和落实公共服务的最终供给职能。基层治理对于社会建设与稳定具有关键价值，发挥着重要意义，考虑到社会现实与整体环境的变化，中国共产党章程和党的重大会议报告在有关基层治理的具体要求和内容方面做了新的补充和完善，进而指明了基层治理在新时代的发展方向，也为基层治理的一些具体方面提供了行动指南。经党的十九大修改后的党章，文本中明确规定了街道、乡、镇党的基层委员会与村、社区的党组织负有领导城市基层治理的职能；基层党组织作为中国共产党在社会基层的战斗堡垒，党的十九大报告中对其提出了以提升组织力为重点开展建设，并突出政治功能的要求。[①] 从根本上来说，政治属性是中国共产党的第一属性，政治功能即为其第一功能，因此在城市基层治理领域，在建设城市基层服务型党组织的过程中，应当准确牢固地把握党组织的政治属性和基本定位，在此基础上才能够有力地领导基层治理的全局，在正确的方向道路上充分发挥基层党组织的引领作用。

　　党的十九大报告做出了"中国特色社会主义最本质的特征是中国共产党领导，中国特色社会主义制度的最大优势是中国共产党领导"的论断，在中国特色社会主义的探索、开拓和发展阶段，中国共产党始终是领航人、开拓者，也是推动中国特色社会主义不断深化的主导力量。因此，不论是在过去、当下，还是未来，中国共产党的领导核心地位绝不会动摇。当前，推动中国特色社会主义制度更加成熟定型，推进国家治理体系和治理能力现代化是摆在眼前的一项重大历史任务，这一党的事业需要相应党的建设的发展来支持它并与之匹配，以党的建设

---

　　① 马丽：《党的领导与基层治理：嵌入机制及其发展》，《当代世界与社会主义》2020 年第 1 期。

为基层治理的发展提供动力与领导力支撑。而在城市基层治理领域，党委领导、多方参与的治理格局也将逐步改进并稳固下来，在党建引领下不断优化城市基层治理体系，培育基层工作者和社会公众对党委权威的认同感，增强和坚定人们对基层党组织的支持与拥护态度。理论研究和历史实践无不印证了党委领导的合理性与必要性，也说明了加强基层党组织建设的重要意义，从而显示出城市基层治理领导制度的可靠性和权威性。

二、提升治理聚合力

城市基层治理日常工作的处理以及创新性实践的开展皆需要依靠基层党委的领导力量，通过构建党建引领城市基层治理的基本格局，分散于社会各处的多方面治理力量被有效地聚合起来，并经梳理统筹后形成了一个清晰有序、职责分明的基层治理体系，以此作为一股整合性力量推动城市基层治理的发展。实践表明，城市基层治理的有效性和综合水平与基层党组织的建设息息相关，基层治理的工作实践不能脱离以党委为中心的领导制度的指引与规范。因此，多地区党建引领下的基层治理模式创新的探索取得了丰硕的成果，其中，杭州市的党建引领物业和业委会就是典型的一项成功案例。

杭州市的小区党建是党建引领基层体制机制创新的一次成功实践，这一改革对传统治理格局的多重矛盾进行了针对性克服，并在创新思维引导下打破传统，重新摸索建立各级组织与部门间的互动合作关系，为城市基层治理"最后一公里"难题的破解提供了一项可行的解决方案，为探索构建符合中国城市基层的实际情况，且契合时代特征的超大型城市基层治理体系开辟出了一条新的路径。小区党建的实质是在基层党组织的主导作用下，整合碎片化的公共资源而建立起来的，以更好服务社会群众为目标的一项快速响应机制，打通了资源力量重心向基层下移的层层梗阻，有助于实现各部门人员之间的通力配合，由此使得长期存在的基层主体责任和权力不匹配、多方联合行动难以实现等问题得到了适时的缓和，进而有利于为人民群众提供更及时、周到、优质的服务，也直接提升了城市基层治理的能力与水平。这一工作机制之下，不仅相关职能部门在问题解决过程中加入并承担起了重要责任，社区党员这一群体也响应倡议，主动参与社区的管理和建设工作。在基层党组织的带领和组织下，党员们的工作活力被充分激发，其先锋模范作用也在实践中得以彰显，基层党委的影响力由此渗透进入城市基层治理的每个细胞，城市基层的治理资源与工作积极性通过基层党建被有效调动起来，共同推动城市基层治理格局的优化升级。

值得关注的是，党建引领物业和业委会这一创新机制的落地实施始终离不开中国共产党这一领导核心，为保障基层治理创新的成效不减，各项机制正常运转，必然要加强党的领导，重视党的建设，把党建放在首位，将党的建设贯穿基层治理的各个环节，以党的建设保障基层治理、引领基层治理。可以说，党建引领是小区微治理的核心，这一改革要求紧扣党建工作，明确树立基层党组织的领导核心地位，强化其统筹协调功能，基层党组织以强大的政治功能和组织力量发挥其在城市基层治理中的全面引领作用，不仅为政治理念与组织建设提供了指导，在治理能力和机制建设方面也体现出了先进性，成为真正能够统筹区域治理、有效联结各方主体、协调指挥有力的坚强领导核心。

从杭州市的党建引领物业、业委会的治理机制创新中，也能够窥见并提炼出党建引领城市基层治理的三大突出特征，可以反映出城市基层治理的党委领导制度带来的影响。首先，党建引领城市基层治理有利于整合社会资源，全面统筹协调城市基层管理体制的改革。党的领导能够确保基层治理改革的正确方向，唯有通过党建引领才能够达成系统有序的基层治理改革，才能不断突破行政壁垒和体制束缚，才能在全面统筹下协同推进城市基层治理工作的提质增效。同时，基层党建还承担了党主张的中介传递者的角色，把党最新的思想理念通过党组织的网络延伸到基层治理中，从而推动实现党的政治优势和组织优势向城市基层治理优势的转化，在事实意义上坚定并实践基层党组织对基层治理的领导，聚焦党的建设以弱化条块分割的负面作用而强化对城市基层治理全局的统筹协调。其次，党建引领强调"以人民为中心"的思想，城市基层治理创新的最终归宿都是更好地服务人民，提升公众的幸福感、获得感、安全感。近年来，注重并增强服务群众的功能已成为基层部门改革的重要方面，基层党组织长期坚持引导基层治理回归服务群众的本源，对基层部门和工作人员提出了感知并理解群众真实需求的工作要求，明确了建立健全针对群众需求的快速回应机制的工作目标，城市基层治理必须在坚持党的群众路线的基础上，在基层治理中提供使群众满意的服务，得到群众真诚的认可，才能聚拢民心，维持人民对党的信任与支持。再者，党建引领基层治理融入了多元共治、共建共享的理念。坚持党委领导并不是指要退回到政府包揽一切的时代，相反地，是为了进一步扩大公众参与和社会协同。党建引领下的城市基层治理会秉持开放融合的治理理念，通过区域化党建工作的推进，在城市逐步设立区、街道、社区三级党建工作协调委员会，以此充分发挥党的作用，克服城市各领域基层党组织原有的在体制、隶属关系和级别落差等方面的鸿沟与约束，通过构建开放议事平台与自治机制从更系统、多层次、宽领域的广阔范围内激发社会活力，积极引导私营部门、第三部门组织、社会公众深入参与城市基层治理，在更高程度上凝聚与整合城市基层治理的多方主体的综合力量，开启党建引领下的"共建共治共享"的城市基层治理新格局。

杭州市的党建物业、业委会共同治理小区的案例具有以小见大的推广价值，其中体现的党建引领、人民中心、服务为本、综合统筹等突出特征和先进的治理理念为城市基层治理体制机制的革新与发展注入了新的要素，有助于为其他城市的基层治理提供经验与思考，也为"大城市病"的高效治理提供了灵感与启发。这一治理创新作为基层治理的有益经验亦引起了社会各界的广泛关注和参考仿效，在相关领域的理论研究和实践体系中激荡起了广泛的影响。

三、保持领导权威力

中国共产党的领导地位决定了党要不断加强自身建设，提高执政能力，牢牢守住它的初心和使命，这一要求意味着党组织既要持续强化党的先进性，也要永葆纯洁性，保持党的生机与活力。在城市基层治理领域，坚持与时俱进的先进党组织的正确领导是实现科学基层治理的前提基础，也是保障基层治理的领导制度之生命力的必要条件。党的建设是一项伟大工程，从宏观层面的党的建设要求到城市基层治理中的党建关键词，一般都会包含正确的理论指导、全面从严治党、群众基础建设、干部队伍建设等方面的内容。

为巩固基层治理的领导制度而加强党的自身建设，要在把握关键要素的基础上将其明确为可操作的具体思路。首先，思想理论是行动的先导和指南，加强基层党组织的建设实践，要依据正确的理论指导，并随实践的深入不断推进理论创新。面对新时代的新形势与新任务，党的十九大对党章进行了适当修改，在原有的马克思列宁主义、毛泽东思想、邓小平理论、"三个代表"重要思想、科学发展观的基础上，增加了习近平新时代中国特色社会主义思想，共同作为中国共产党的行动指南。科学理论与理论创新成果写入党章体现了我国社会建设与发展的思想理念的与时俱进，更新了社会治理实践的思想引领，有利于以更符合实际的正确思想指导和进一步推进基层治理与社会的建设发展。其次，进入新时代之后，为坚持和加强党的全面领导，需要坚持党要管党，全面从严治党的指导方针，在党的建设全局中也提出了有关思想、组织、纪律等方面的具体要求。作风建设是党的生命线，党的政治站位、思想信念、组织纪律都影响着党执政根基的稳固性，共同作用于党的发展过程。对于政治立场、政治方向、政治大局的准确把握，脚踏实地、行稳致远的处事风格，实事求是、求真务实的思想态度，逢山开路、遇水架桥的精神信念，高素质、专业化的干部队伍，设定科学、执行到位的规则制度，决心坚定、标本兼治的反腐败斗争：以上因素都是对中国共产党一直以来的行动概括，也是党的建设在未来发展中的持续努力方向。回顾中国社会过去几十年的发展，在这些合理严密的制度规则与朴实优良的品格作风支撑下，中国共产党带领全国人民创造丰硕成果。展望中国发展的未来之路，仍需要坚持和加强党的建设，中国共产党及其基层党组织的强大，才能保持党的领导权威和统筹实力，才有益于稳固国家治理以及城市基层治理的领导制度，优化治理成效。再者，党的阶级基础和群众基础建设决定了党的立足之本，根基不牢，其后的建设便失去了意义。在城市基层治理中，基层党组织居于领导地位，但归根结底，推动社会建设和基层治理的主体始终是人民群众，改善和提升社会治理成效的切入口和落脚点也在基层，这就意味着中国共产党的政治领导、思想领导需要具体体现为组织领导，将党的政治立场与原则、指导思想与意识形态融入实际举措并贯穿于城市基层治理的实践中。党建引领下的城市基层治理应当始终关注并尊重人民的主体地位，以人民为中心，以优化服务为要求底线，夯实基层党委的群众基础。

除此以外，为有效优化城市基层治理的过程，则必然要把参与基层治理的相关组织与部门主体置于明晰的治理体系和运作框架之下，理顺各要素之间的相互关系，在推进理论创新和实践探索的过程中，高度重视基层党建工作，加强党的基层组织建设，使其焕发出勃勃生机和强劲动力，以基层党组织的坚实稳定作为实现城市基层社会治理的长远发展的根本保障。通过组织建设和专业队伍的组建，吸纳优秀人员和年轻干部，通过对人员素质、组织功能以及过往的不足与优势等因素的考察，在此依据下合理匹配人力资源和财物资源，从而更充分地发挥各要素的潜力，实现城市基层治理成效的综合提升。

归根结底，城市基层治理的领导制度在中国特色社会主义的背景下独具优势，但也需要凭借党组织的自我建设与发展实现持续渐进的自我提升与优化，巩固其在基层治理中的领导核心地位，强化其领导实力与定力。合理有效的基层党建，能够产生显著的成效：中国共产党的执政能力得到提升，同时能够以党建带动基层党组织在社会治理中的领导力和影响力的扩散和增强，强化基层党组织的政治权威并塑造得到人民群众支持与拥护的优良形象，以党组织自身的过硬实力以及社会公众的信任支持为之赋能，实现党委领导下的城市基层治理的良性发展以及飞跃与创新。

第二节　灵活的工作制度

一、构建党建引领多元联动的灵活制度

　　城市基层治理的工作制度创新是提升治理能力、推动城市基层治理持续优化的关键步骤，工作制度设计合理与否将会直接影响相关主体之间关系网络的构建、各环节与运行程序的串联，基层治理工作制度的质量最终会通过城市基层治理的实践体现出来。可以说，城市基层治理的工作制度是攸关城市基层治理实践与成效的一项重要制度内容。

　　在当前的社会布局之下，基层党组织是城市基层治理中的核心领导主体，这一特殊地位决定了基层党组织在领导城市基层治理时要以更高的站位，发挥指挥棒的作用。党建犹如城市基层治理中的一根牵引线，串联起城市基层治理的方方面面，把各个领域和各项事务都有序地贯穿起来，这也可以解释缘何基层治理工作制度的建立必须在党委领导下才能够实现，为何必须坚持党建引领才能得到适应全局形势的统筹安排。把多方面因素归结起来，得出的结论便是城市基层治理的创新活动皆是在党委领导下有序展开的。其中，基层治理的相关制度创新更是需要依仗党委的总领全局和科学筹划的优势，有了党委领导力量作为坚实的后盾，城市基层治理的实际需求才能得到满足，合理灵活的工作制度才能够被制订出来，并经逐步调整而与制度应用的外部环境、社会价值、民众需要渐趋契合，逐渐形成

富有区域特色的健康完善的一系列工作制度，搭建功能丰富、实用有效的机制框架，进而集成聚拢可用的基层治理资源，对其实施系统化的合理配置，在党建引领的基本前提下，推动各要素融于思想共识的指引，朝着同一方向发展前进。

城市基层党建正在走的建立"四级联动"体系的新道路是与基层治理工作制度的构建休戚相关的内容，通过把市、县（市）区、街道、社区这四级党组织力量拧成一股绳，使不同层级无缝相接，畅通信息的向上传递和决策措施的向下落实渠道，并设计出打破条块壁垒实现组织间联动的新方案，在市、县（市）区、街道、社区四级逐步建立联席会议制度，在传递工作任务的同时也配以相应的责任压力，四级党组织分别在本级职责范围内落实好具体的工作要求，县（市）区委负第一责任，而街道党组织负直接责任。此外，在各级党组织的群策群力之下共同创造功能强大的服务载体，拓展优化服务内容，并巧妙利用来源于基层的数据信息和线上治理网络平台，多措并举以提升城市基层党建的工作质量和基层治理服务的水平。城市基层党建的"四级联动"体系明晰了市、县（市）区、街道、社区四级党组织在城市基层治理中的地位及责任，这一体系延伸覆盖四个不同层级，涉及各层次的相关主体，这一特性赋予了城市基层党建更敏锐的反应性和更加敏捷的行动力，便于观察基层治理局势的变化并及时发现矛盾问题，在联动体系之下快速协调响应，由此争取得到更宽裕的行动空间。城市基层党建的生机与活跃也将映射在城市基层治理的工作制度之中，使得工作制度具有更高的弹性、灵活性与适应性。

多元共治是构建灵活工作机制的又一前提，尤其是在社会开发程度不断深化的背景下，面对公民社会逐渐成长成熟的事实，社会中的私营部门、第三部门和人民群众参与能力日渐提高，各主体之间的关联度与互动性明显加强，因此，多方主体共同参与并在合理统筹、有序协调和良性互动中助推城市基层治理已成为未来基层治理发展的必然趋势，同时也与党中央提出的关于加强社会治理制度建设，完善"党委领导、政府负责、社会协同、公众参与、法治保障"的社会治理体制的要求相呼应。参与治理的主体多元化并不意味着挑战城市基层党组织的权威或收缩其影响范围，恰恰相反，基层党组织会建立在城市基层治理的基本单元之上，将党委的领导力量覆盖至社会现实场景和虚拟网络空间，使城市基层治理活动的多领域和全流程运作在党委力量的辐射之下进行，保证基层治理的价值内核与治理理念不变质，通过党建渗入基层治理合理引导社会发展。党建引领下的多元共治格局引入了企业、社会组织、志愿者、社区居民等多样化的主体，在政策引导和政府的监督规范之下，各方主体依据自身的专业优势，在城市基层治理的相应领域中发挥作用，加速"共建共治共享"的社会治理格局的形成。多元主体参与城市基层治理带来了高效率、成本节约、部分领域的市场化运作机制等积极的变化，并由此形成了城市基层治理的"新生态"。

在多元主体的背景之下建立基层治理工作机制，首先要厘清多元主体的职能定位与互动关系，从多元主体构成和治理工作的主题内容等方面梳理优化总体结构。在此基础上，则要考虑建立包容性的适宜多元主体的多样化工作平台，开发出具备议事协调、服务执行、民主监督、矛盾调处、信息存储与分析等功能的具体应用网络，以此拓展并顺畅社会主体参与治理的路径通道。与此同时，社会多元主体固有的多样性特征衍生带来了多样化的服务内容，不论是基本公共服务、社区行政服务还是社区便民服务、公益服务，都更周到地回应了城市基层民众的生活需求，不仅提升了办事体验，也优化了服务质量，综合提升了民众的生活品质与幸福感。

在这一方面，绍兴市越城区的"契约化党建"具有一定的代表性。绍兴市越城区通过把党的组织和党的工作向"两新"组织延伸，建立形成社区党建"契约化"共建载体。越城区根据城市建设的新目标、新任务和社区居民的新需求，突出优化服务，建立健全党建共建机制，着力构建区域化党建新格局。在工作中，越城区"契约化党建"坚持平等自愿、互促互进、贴近实际的原则，主动适应社区社会经济成分、组织形式、就业方式、利益关系和分配方式日益多元化趋势，通过平等协商的方式，在充分尊重驻区单位党组织意愿基础上，共同签订《社区党建共建契约》，用契约形式来约定双方权利和义务，齐心协力推进社区党建。此外，越城区"契约化党建"还引导各社区党组织和驻区单位在资源的使用上做到相互整合、相互开放、取长补短、互利互惠，推动社区服务从以往单向模式向社区与共建单位双向互动转变，为驻区单位提供丰富的服务项目和内容，实现服务内容由单一向多元的转变。自 2008 年以来，"契约化党建"在实现辖区资源共享、增强社区服务功能等方面取得了较为明显的成效。

　　总而述之，城市基层治理工作制度的创新性构建在近年来已成为完善治理体系、提升治理能力的一项备受关注的任务，所建立之工作制度追求更强的灵活调节和适应性，旨在发展出一种可以快速有效地应对不同场景下内容各异的工作要求的扎实本领，从而为城市基层治理的各项具体业务提供系统化的框架和参照，便于高效优质地完成对各项事务的妥善处理，并以规范化的制度体系来保障城市基层治理工作的统一性和科学性。城市基层治理工作制度的创新性构建应当遵循党建引领的基本要求，也要考虑到社会多元主体广泛参与基层治理的现实情形，在此基础上依据理论推断与历史经验进行工作制度的初步设计，并在后续的实践中不断调整完善工作制度，将集成了丰厚实践经验与人民智慧的工作制度进行推广，且能够针对不同的应用环境对工作制度的总体框架和内容细节加以调适，进而建立全面综合的科学工作制度，充实城市基层治理的制度体系。

二、设立功能集成的矛盾调解制度

社会中的矛盾纠纷是城市基层治理中的一大风险因子，其中潜藏的巨大负面能量可能会在社会生活中掀起汹涌的波涛，打破平静、稳定、和谐的社会图景。为了妥善处理社会中无处不在、此消彼长的矛盾纠纷，浙江省在"最多跑一次"改革的背景下，开始统筹布局社会矛盾纠纷调处化解中心的建设，这一工程是社会治理领域工作制度的一项重要创新，也是实现市域治理现代化的重点项目，其目的在于构建一个集成多种功能于一体的综合性平台，为群众提供一站式服务，方便群众信访和矛盾化解工作高效、有序地展开，真正使人民群众感到满意。

这一工作制度创新的主要表现即是社会矛盾纠纷调处化解中心的建立，该中心把以往相互独立的职能部门和离散的调处资源整合起来，并对具体的工作流程实施再造，从而能够有效避免部门之间推诿扯皮、效率低下的问题，也能把办事群众从凌乱的程序和五花八门的处理部门中解放出来，人们只需到矛盾纠纷调处化解中心就能化解矛盾纠纷问题。社会矛盾纠纷调处化解中心作为一个各项调解事务的"超市"，其中通常会入驻综治中心、人民来访接待中心、诉讼服务中心、公共法律服务中心、行政争议调解中心等相关的线上和线下平台，更有走在前列者，还会引入人民调解员、律师、心理咨询师等专业人才和社会资源[①]，以更专业化的力量和更开放互动的社会资源来共同助力矛盾纠纷调处化解中心的建设与升级，促进其功能的完善与发展。当这一工作网络和机制下沉延伸至城市基层，在街道层面形成矛盾纠纷调处化解中心，就能更紧密地影响城市基层治理中的矛盾调解工作。矛盾纠纷调处化解中心兼顾矛盾纠纷

---

① 《宁波实现县级社会矛盾纠纷调处化解中心全覆盖》，https://dy.163.com/article/FJIU G3MU05346936.html。

的预防与调处化解，将矛盾纠纷遏制在萌芽状态，控制其在基层就得以化解而不至于恶化加剧，进而形成"枫桥经验"启发下的"小事不出社区，大事不出街道，矛盾不上交"的治理目标。这一工作制度的初衷在于把矛盾纠纷调处化解中心打造为化解矛盾的终点站而非中转场，将其塑造为反映社情民意的主要渠道，通过党建引领和相关负责部门的合理指挥，在环环紧扣、层层负责的运作体系下确保对群众诉求的及时回应和妥善解决，以多重功能的整体集成来保证"一地解决"而不麻烦群众来回跑。从线下矛盾纠纷调处化解中心的具体工作情况来看，中心的接访大厅设有引导区、功能区、接访窗口、调解室、审判庭等多种功能室，线下场所具有实用且强大的承载力。接访大厅的事项办理流程清晰，过程高效，来访群众说明办理事项后，最先经过引导区工作人员的分析和引流，而后，来访群众即能够根据其需求进行预约叫号，最后到相匹配的窗口完成业务的办理。

社会矛盾纠纷调处化解中心作为工作制度创新的一大具体表现，其最突出的意义即在于将纠纷调解工作相关的业务内容和来自社会的辅助性资源整合于一体，通过立体整合的重要一步彰显该项工作制度的社会价值。为促进实现矛盾纠纷调处化解中心的价值最大化，首先应当注重地方实际，秉持具体情况具体分析的工作原则，探索适宜本地区的中心建设模式；其次，领导主体要注重综合协调，领导的站位和高度决定了这一工作制度的品质与前景，党委、政法委、信访局在矛盾纠纷调处化解中心的建设中应当发挥好统筹安排与组织协调的功能，并对中心的工作进行检查和指导；最后，其他相关部门也要积极参与、各司其职，形成齐抓共管的合力以保障中心建设的成效。矛盾纠纷调处化解中心的建设从起步到巩固再到提升，经历了三个阶段，积累了一定的经验和实力，在此基础之上可进一步深化该中心的职能，除了矛盾纠纷的调处化解这一"主打"功能，亦可以逐步发展社会治理事件处置平台、社会风险研判平台等有助于紧急状态下或常态城市基层治理的辅助平台 ①，围绕优化提升基层治理这一中心思想开展工作。

三、建立居民参与的议事协商制度

在城市基层治理中，人民群众毋庸置疑是一大重要元素，尤其是在回应党建引领下对"以人民为中心"理念的强调的背景下，公众参与成了城市基层治理新格局的一项特征。为了保证公众参与的实现与成效，构建居民议事机制，以系统化的规则规范民众参与基层治理的行为要求、运作程序、表决原则等系列相关事宜是一种行之有效的方法，将会极大地便利城市基层治理工作，也给原本沉闷的工作氛围增添了几分灵活与生机。杭州市拱墅区小河街道的"红茶议事会"等模式都是党建引领下的民主议事协商的典范。

城市社区的协商民主是基层群众自治要求的体现，也是激发社区民主活力与维持城市基层治理良性发展生命力的重要保障。在不断推进城市基层治理的互动性与民主性的实践过程中，各地区纷纷进行了适宜本地实情且各具特色的基层治理工作机制的探索。其中，社区议事会制度的确立是一项较为成功的尝试，并产生了相对广泛而深远的影响。社区议事会作为一个由组织召集居民群众，尊重成员们自由充分表达意见的重要平台，建构起了社区居民之间的沟通桥梁，也打通了居民群众与居委会、基层党组织之间的交流通道。这一平台最突出的意义在于促进了城市基层治理各主体之间的交流与沟通，加速了社区资源、居民需要、基层矛盾等信息的交换和流通，在很大程度上

---

① 王瑜薇：《全县推进省级社会矛盾纠纷调处化解中心建设》，《余杭晨报》2020年5月13日，第1版。

降低了信息不对称的阻力，使得城市基层治理中的主要责任者和广大居民群众都能够掌握更充分的有效信息，从而服务于科学决策和顺畅执行。随着社区议事制度的实践深入与经验积累，该项工作制度在多地开始扎根稳固，在确立起严谨规范的工作原则与制度之后，开始走向规范化发展，日益成长为城市基层治理中的一项关键工作制度。城市基层的居民议事会聚焦本区域内的民生实事，对于困扰居民生活、群众强烈反映要求尽快解决的问题，对于牵涉本区域的经济社会发展、涉及居民群众的切身利益的公共事务或公益事业的重大决策，皆可以通过居民议事会来共同商讨，由议事代表在听取具体情况后，依据规定的会议程序做出合理的判断。

居民议事制度的价值内核表现为对人民群众主体地位的尊重和对社会基层民主的追求，秉持这一协商民主理念的制度实践能够展现出多方面的立体功能。例如：多方主体参与协商带来了信息与人力资源，也提供了更多元的决策智慧，这将直接增强低成本治理的可实现性；协商机制之下，群众的生活新需要和基层的矛盾纠纷都能够在更短时间内被发现并解决，不安因素的及时消弭为社会稳定与和谐加上了一道强有力的保险；而公开有序的基层协商保障了人民群众参与民主管理、民主决策、民主监督的权利，也训练了民众的政治参与能力，更便于理解、信任、支持基层治理的各项决策及其施行，推动了社会民主的发展。从更高的层面来讲，基层协商民主是基层党组织的领导与基层治理创新的体现，有利于推动基层党建工作和基层管理模式的创新，最终将达成完善和增强党的领导的效果。[①]正是出于对基层协商民主的重要价值以及城市基层治理中现实需要的考虑，中共中央高度重视社会主义协商民主建设以及城市社

[①]　刘俊杰：《城市社区协商民主的现实问题与推进路径——以无锡市城市社区议事会为例》，《黑龙江社会科学》2018 年第 4 期。

区的协商工作，为此进行了合理部署并提出了具体的建设意见。简言之，基层协商民主的发展与建设应当坚持协商于民、协商为民的要求，以基层群众为重点，通过建立健全基层协商民主建设协调联动机制，稳步开展基层协商，统筹推进多种协商形式的共同发展，推动城市基层协商民主建设并实现民主水平的飞跃与提升。

居民议事会在不同的实践情境下可能会演化为议事坊、议事厅等不同的名称，但其实质自始至终不会改变，即其作为体现并保障基层协商民主的一项工作制度的基本定位不偏移。尽管当下的城市社区协商民主机制暂未完善，议事制度与保障机制尚不健全，议事会的职责边界和权限程度也存在模糊摇摆的情况，这些不足之处都会对基层协商治理的顺利推行产生阻力，加大基层治理工作的难度，挫伤民众的参与积极性，但与此同时，改进与优化居民议事制度的系列举措也在逐步落实，聚焦问题的症结所在而有针对性地加以弥补，以此塑造更合理完善的城市基层民主协商机制。在居民议事工作制度下，搭建公正开放的议事平台，积极听取民众的意见表达，这为城市基层治理工作注入了更为多元新颖的要素和制度活力，以更开阔的基层治理思路和多层次的现实观察视角，为城市基层治理开辟了灵活调节的空间，留下了收缩回旋的余地，增强了相关决策与措施的适应性。居民议事制度之下凝聚了众人智慧与真诚民意的决策判断是最可靠的治理依据，在此支撑下能够使得基层治理工作的每一步都走得更有底气、更加坚定。

第三节　高效的联动制度

制度创新是城市基层党建创新的重要抓手，是基层党组织运行和发展的重要保障。新时代推进城市基层党建的制度创新，需探索出契合新时代、新要求、新问题的制度体系，推动城市基层党建效益常态化。

一、推动政治功能与社会功能双向联动

作为领导核心，中国共产党的引领力、凝聚力在中国现代化进程中发挥着举足轻重的作用。政治功能一直是各类党组织的发展重点，即使是城市基层党组织，也将发挥其政治功能作为首要任务，却往往忽视了其社会功能。基层党组织直面基层社会，更具发挥社会功能的优势。《中国共产党章程》中已明确提出各类基层党组织要重视政治和社会双重功能的建设。[①] 因此，将城市基层党建的边界向社会领域延伸，通过各类基层党组织向社会各界渗透，强化政治功能与社会功能双向联动在新时代下显得刻不容缓。

众所周知，社会作为人类生存发展的大环境，掌握着各类丰富的资源，有效发挥社会功能对政党的巩固与发展起着关键性的作用。社会中囊括多方力量，有其特定的发展规律，这些力量都是城市基层党建治理的参与主体，基层党组织在处理具体

———————

① 《中国共产党章程》，人民出版社 2022 年版，第 44—46 页。

工作过程中，在发挥政治凝聚作用的同时，通过深入基层、扎根基层，将党建资源与社会资源充分整合运用，协调基层社会各利益主体间的矛盾，维护社会稳定；充分发挥社会治理中多方主体的力量，在积极支持、鼓励、引导社会各主体共同参与基层党建治理的基础上，明确区分政党、企业以及社会群体的功能定位，使得在发挥党建引领功能的同时，强化社会的自治功能，进而提升城市基层治理的科学化、专业化以及高效化，形成"共建共治共享"的社会治理格局。

湖州市就是在强化党组织政治功能的同时，积极扩展党组织的社会功能，推动基层党组织政治功能与社会功能建设的双向联动。在推进城市基层党建的过程中，湖州市坚持把党建资源和社会资源相融合，通过积极鼓励支持建立党建联盟、商圈党支部、新兴社会组织等，实现党建工作在区域内的全覆盖，用活社会力量对基层党建的推动作用。湖州市树立全市"一盘棋"理念，建立以阵地共建、资源联享为基础的"资源共享圈"，统筹规划全市城市基层组织阵地建设，按照"党员活跃在哪里，阵地建设就推进到哪里"的要求和"活动区域不超过八分钟路程"的原则，改变以往"一个萝卜一个坑"的零散布局，把基层党建阵地建到城市最前沿、建到党员最中间。在人流密集、游客集散的爱山商圈、月亮广场等核心地段，高标准、高起点建成一批标杆式城市党建综合体，辐射带动区域内党组织和党员主动融入其中、参与其中。社区党建阵地建在城市基层、建在居民身边、建在百姓中间，直接关乎党员群众日常。在社会服务功能方面，坚持"党员群众需要什么、服务中心就提供什么"原则，深入推进服务供给侧改革，建立需求清单、资源清单、项目清单"三张清单"，全面提供组织关系接转一次性办结、场地使用预约、活动组织策划、党建联盟等服务。

在当下充分重视城市基层党建引领以及开展社会治理的大背景下，各省区市纷纷采取行动推动政治功能与社会功能的双向联动，越来越多的"党建引领＋社会治理"新模式得到开发运用，党组织在创新探索中，政治引领、资源整合、服务群众的能力得到不断提升。因此，未来在城市基层党建领域，充分调动社会资源、运用社会资源、推动党建资源与社会资源的互补协调、强化政治功能与社会功能的互联互动将成为一大特色。

二、建立健全多级联动机制

联动，是党组织发挥社会功能中整合功能的其中一大机制，具体指通过不同组织、不同党群之间的上下联动、部门联动等方式构建区域党建共同体，整合各方资源及社会多元力量。从系统的角度看，联动机制是形成基层党组织整体优势的重要载体。高效的联动机制，能够推动不同层级、不同类别的城市党组织实现有机联结和有效联动，产生乘数效应，使党组织的组织力、凝聚力、战斗力实现倍增。从实践看，当前城市基层各类组织呈现出融合发展的新趋势，这既为各层级之间的党组织实现互联互通创造了良好的契机，也体现了城市基层党组织发展的内在规律。新形势下，城市基层党组织要积极顺应新形势，加快建立健全区域统筹、条块结合、上下联动、互联互通的工作机制，促进党组织与党组织之间资源共享、功能互补，实现城市党组织跨层级联动和跨系统融合，进一步提升城市基层党组织发展的协同性、融合性。建立健全多级联动机制，可从以下几方面入手：

一是实现"市—区县—街道—社区"组织的纵向联动。在城市基层党建这项系统性复杂化的工程中，市、区县、街道、社区发挥着治理主体的重要作用。通过市委总揽全局、协调各方，区委直击一线指导监督，街道党工委贯彻执行，社区党组织履行具体职责，系统谋划每一个层级的组织体系、责任体系、制度体系，从而实现整个城市基层党建工作上下贯通、多级联动。

从整体上来看，目前城市基层党建的组织体系较改革开放前完整，领导机构相对健全，但在上下联动、协同推进方面仍存在一部分不足，部分地区由于对城市基层党建工作认识不清，导致统筹不到位、沟通不顺畅，上下级没有形成有效联动，"各搭各的台、各唱各的戏"现象时有存在，没有真正拧成"一股绳"，有的甚至出现内耗，严重影响了党组织整体功能的发挥。因此，在共驻共享共治共建的要求下，建立健全上下联动的四级联动机制仍是现阶段基层党建的重点任务之一。首先，完善联动组织。以强化基层党建、基层治理、服务群众为目标，根据各地区实际情况，按照精简、统一、高效的原则，调整优化区域内设工作机构，健全党组织联动体系。在市、区县、街道、社区四级建立党建联席会议，明确各成员单位的工作职责，上下协同配合，定期沟通情况，研究解决工作中出现的问题，共同推进城市基层党建工作。其次，健全联动制度。逐级建立基层党建调度通报制度、动态管理制度、督促检查制度和跟踪督导制度等，用制度保障联动。上级党组织给下级党组织下达党建工作任务，实行过程管控，及时发现问题、解决问题。下级党组织向上级党组织汇报交流工作进展情况和创新成果，分析存在的问题和面临的新挑战，提出下一步工作思路，形成各领域党组织互联互动、共治共管、共建共享的城市基层党建工作大格局。最后，明确联动责任，细化制订工作责任清单。市委负责总体统筹，协调解决重大问题；区委提出思路目标，负责整体布局、指挥、协调、组织实施、督查督导；街道党工委负责统筹推进和抓好落实，整体抓好社区党建、驻区单位党建、"两新"组织党建的工作，推动多类型党建工作的有机融合；社区党组织落实上级决策部署，履行具体责任，建立社区党建联席分会议，负责组织动员和服务管理，履行区域内各企事业单位和党组织党建工作兜底管理职责，团结带领党员群众积极参与基层社区治理，管理协调社区内各企事业单位和社会组织的党建工作。在社会发展新背景下，通过健全组织联动体系、责任联动体系、制度联动体系，明确四级党组织各自的职责，充分发挥市、区两级党组织的领导牵引作用，把市、区、街道、社区四级党组织有机联结起来，有利于形成一贯到底、有机衔接、强劲有力的城市基层党建。

二是建立健全部门联动机制。部门联动是当前基层党建发挥实质性功用的重要手段。建立合理高效的部门联动机制，并非自上而下的推动，而是源自基层党组织的内需，有利于不同系统间形成合力倒逼政府部门改革。杭州市拱墅区在创新党建工作模式的背景下，建立健全职责明确、分工协作、部门联动的机制，将资源力量下沉到小区治理层面（如图6-1所示）。在区、街道和社区三级成立三级"三方办"，将住建局、公安局等多个相关部门力量集结于此，共同推进解决小区层面的治理难题。在疫情期间，这种部门联动机制，在小区抗疫防疫中发挥了重要的作用。

三是建立连接社区、单位、行业等党建的横向互联互动机制。城市是一个复杂、巨大的系统，城市各领域各单位在本质上都是相互联动的。街道社区党组织、单位党组织和行业党组织都是城市基层党组织的重要组成部分，也在城市基层党建的基本框架之内。推动街道社区党建、单位党建、行业党建互联互动，本质上是要实现各领域党建之间的相融共生和融合发展。要凝聚共驻共建、互联互动的共识，建立"健全共建共治共享"工作机制，探索创新组织连接、利益连接的有效方式和载体，充分发挥共驻共建平台作用，不断深化条块融合，打造城市基层党建共同体，促进街道社区党建、单位党建、行业党建之间的组织共建、活动共联、资源共享，形成城市基层党建的整体效应。在基层党建引领的基础上，发挥各类社会力量在基层治理中的积极作用，通过整合各方资源与力量，实现社区居委会、物业公司、业主委员会、各种行业协会等多方联动，从各大系

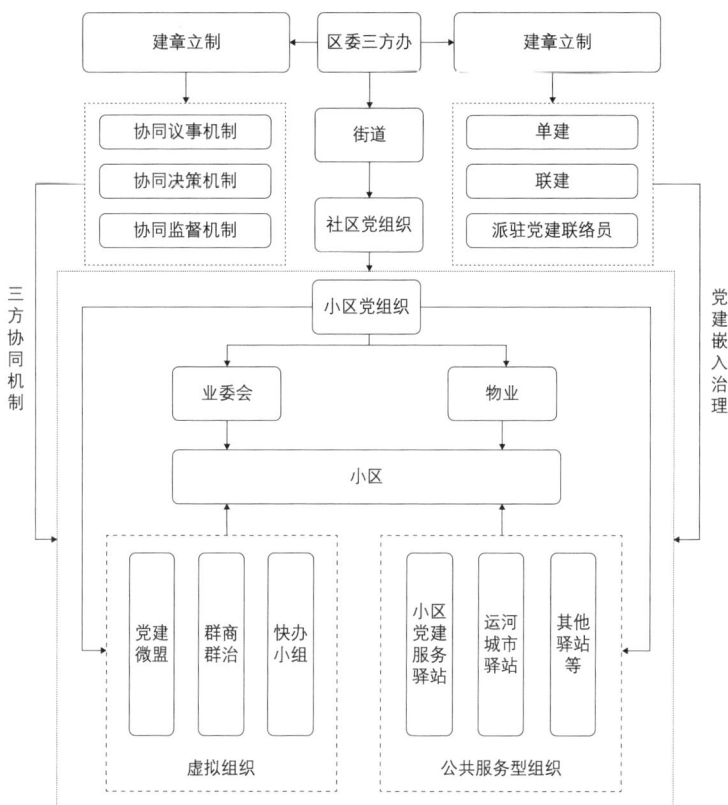

图6-1 "党建引领、三方协同"治理框架

统层面来谋划推进基层党建。同时，在社区党组织体系架构上，将"党建带群建、群建促党建"这一工作机制向社区延伸，突破传统思维与形式，加强社区党委引领、群团组织自治，以社区党组织为中心，牵头整合社区党群组织力量资源，丰富党群共建具体形式载体，明确各类参与主体功能定位，实现党群共建机制良好运作，提升社区治理现代化水平，推动城市基层党建向开放、联动、融合迈进。

建立健全多级联动机制是现阶段我国城市基层党建引领的一

线主线，许多地区开展了大量实践和创新，并取得了不错的成效。但在未来城市基层党建的工作开展过程中，在注重机制配套联动的基础上，仍需不断发挥基层党建各主体的主观能动性，推动多级联动机制的健全与完善。

第一，充分发挥街道社区的主体作用。城市基层党建工作，需要立足整体、任务落地。新时代下城市基层党建工作中，离群众最近的就是各个社区街道的党组织，所以必须强化各街道社区党组织"主心骨"作用，明确其具体职责定位，提升其基层党建工作能力，确保社区党组织有能力有资源为群众服务。在建设社区基层党组织的过程中，基层党员干部是街道社区党建的重要主体，也是基层党组织建设的主导者。因此，要建立一支强有力的组织队伍，提高各党员干部的工作能力，调动各党务工作人员的工作积极性和主动性。通过全日制坐班、轮流值班、定期入户征求意见、定时定点集中办公、建立便民服务点等形式，反映社情民意，开展丰富多样、有益有效的自治活动，增进社区群众党建工作的参与度和融入度，有利于基层党组织建设的转型升级和健康发展。

第二，充分发挥社区党委在社区党建中的引领协调作用。社区党建是城市基层党建中的重要角色，要推进社区党建的协同发展，应充分认识到社区党委在社区党建中的引领协调作用，以社区党组织为核心，以扎根基层、服务群众、发挥作用为重点，发动党委的凝聚力来调动各类群团组织、企事业单位、社会群体积极参与基层党建治理，构筑区域内党组织、全体党员、各方社会力量共同参与的区域化党建模式，定期进行党务工作人员之间的沟通协商以及党员与社区群众之间的沟通交流。同时，从基层党组织的工作体系着手，成立社区党建工作协调委员会，强化社区党组织的统筹协调功能，建立起符合本社区实际的资源整合机制，使得社区内的各种资源能够充分为社区党组织所用，为社区党组织开展工作提供强大的资源支持，推进各类公共资源向基层延伸，有力地支撑社区治理工作。

第三，充分发挥社会组织的桥梁作用。随着经济社会的发展，社会组织在整合资源、提供服务、调解纠纷等基层治理领域发挥着越来越重要的作用。因此，要加强党组织与群团组织的联系，不断输送党的思想。首先，积极引领社会组织发展，壮大力量，鼓励基层构建社会组织孵化平台，鼓励群众积极参与，推动初创期社会组织的发展，大力扶持公益性、慈善性、志愿性相关的社会组织，整合社会组织力量，有助于党组织争取更多支持，协同党组织共治共建；其次，增强社会组织的内在自我造血能力，与基层党组织形成功能与角色定位上的互补，进而弥补基层党组织和自治组织在基层治理中的缺位部分；最后，充分发挥社会组织在基层党组织和人民群众之间的桥梁纽带作用，赋予社会组织部分权利，使其协助党组织领导的基层治理工作。另外，积极打破地域领域界限，采取单独建、区域建、楼宇建、行业建等方式，扩大党建组织和工作的社会覆盖范围。

三、创新互联互动体系

城市基层党建体系是个大系统，辖区机关、企事业单位、社会组织等各领域党建是子系统。各子系统除了在组织上建立联结纽带之外，还要构建互联互动体系，实现各党组织沟通交流常态化，打破原来辖区内各单位之间各自为政、条块分割的传统制度壁垒，克服只由社区党组织主导基层治理事务的弊端，建立上下联动、横向互动、协同参与的共建模式。

一是建立信息互通机制。随着基层治理智能化水平的不断提升，党建互联网思维显得越来越重要，构建覆盖整个城市的信息集成、互联互通、开放共享的城市基层党建信息系统，实现市—区—街道—社区党建网络平台信息资源互联互通迫在眉睫。

将城市基层党建传统工作方法与现代信息技术深度融合，实现
以信息化手段推进基层党组织标准化建设，为城市基层党组织
建设开辟了一条新路。按照纵向贯通、横向联动的原则，保持
信息互通可以有效推动信息资源共享和业务协同并进。社区与
驻区各有关单位之间通过建立微信群、微信公众号等载体，实
现常态化通报制度，各参与共建的多元主体利用网络媒介将工
作动态、工作计划、重点任务或者社区的卫生、治安、管理、
就业甚至是矛盾纠纷、居民需求等信息进行相互沟通，实现各
方之间及时掌握情况，实现了多元化治理主体沟通交流常态化。
这在杭州市党建引领小区治理的过程中已成为一种常态。

　　二是建立资源共享机制。资源在城市基层党建中起到关键
性作用，基层党组织政治资源的组织整合是推动城市基层党建
发展的核心力量。因此，在基层党建工作过程中，将党建资源、
设施资源、信息资源和社会资源等优势资源整合，变专有为共
有，能够为党建工作提供新的支撑、新的路径。结合基层党建
和基层自治的需求，将党建、教育、文化、体育、卫生、医疗、
活动场所、设备器材、资金、技术等资源实行相互开放，统筹
使用，最大限度发挥现有阵地的作用，大大提高了利用效率，
有助于实现基层党建的共享共治格局。目前，浙江省已有许多
城市开始探索"党建联盟"这一新型党建组织形式，例如浙江
省嘉兴市与上海市共同打造的"毗邻党建"模式，加强了不同
组织间的双向联系，是基层党建资源共享机制的探索性创新，
是未来城市基层党建过程中的一种新型模式，有利于实现共建
共享共赢。

　　三是建立互利共赢机制。为了加强城市基层党建工作的有效
性和互利性，可建立"党员积分制"管理制度与参与党建工作
情况的考评激励机制，具体体现为将基层党建、社区治理、服
务群众、资源共享等工作事项进行细化并赋分，其他党员与群
众在参与党建活动后向基层党组织报告、登记、加分，在年底

将分值进行统一总计，对积分高的党员进行表彰激励，对积分低的党员按情况进行批评、通报等，用严格的考评激励机制推动党员干部全身心投入基层党建工作，进而提升工作的效率与质量；再者，对社区、企事业单位、社会组织、居民群众等多元参与主体，通过制订资源清单、需求清单的"双清单"制度，发布"双清单"、开展"契约化"共建，实行双向认领、双向服务，统筹解决各自实际需求和难题，并采用积分的方式进行动态管理，对共建各方形成激励导向，实现基层治理、党建引领与各方发展的互利共赢。

第四节　有效的监督制度

城市基层党建是一项重大的基础性、战略性工程，主体众多、内容广泛、任务艰巨。加强监督是实现当前城市基层有效治理的基本要求，监督制度的有效运作可以保证实现基层党建的良性发展。做好新时期的城市基层党建工作，既需要各级城市党组织自觉履行职责，也需要自上而下的内部监督和广泛存在的外部监督。内部监督和外部监督的主体和内容各不相同，但两者相辅相成、相得益彰，都能够为城市基层党建工作的顺利推进提供有力的制度保障。同时，实现监督主体的多元化、监督形式的多样化、监督机制的公开化是加强城市基层党建工作的核心要素。

一、切实加强党内监督

一是重视党内监督的文化建设。要加强城市基层党建的监督制度，应从参与主体的价值认知方面进行改变。如若党务干部、党务工作人员依旧受制于传统的权力思维，那就难以真正落实监督制度，难以真正发挥各类监督机制对权力的约束作用。因而，对于城市基层党建来说，提升其开展工作的党员干部、党务工作人员的职能认知显得尤为重要，要从文化入手，强力推进党内监督的文化建设。具体而言，首先，应对基层党建干部采取经常性的培训教育，即建立常态化教育方式，以廉政教育为背景，加大党内监督文件以及相关法规制度的宣传教育力度，提升其在基层党建监督政策、制度等方面的素养，从而强化其落实监督制度的能力和效力。围绕"三会一课""四议两公开"等主题，形成对制度的反复咀嚼。其次，扎实开展形式多样的基层党建宣传教育活动，深入挖掘本地特色文化资源，增强监督的渗透力和影响力，督促在位党员干部、党务工作人员自觉、自警、自省。最后，将基层党组织监督建设与廉政文化传播相结合，以海报、歌曲、漫画、电影等形式使党员干部、党务工作人员在享受文化、参与文化中接受廉政教育、了解权力的合理运用、明确监督制度等，保障监督文化的落地生根。

二是完善监督机制。党建工作责任的落实，既离不开城市基层党组织的思想自觉和行动自觉，也离不开严格的监督检查。从党组织体系运行的机制看，需要强化上级党组织对城市基层党组织的监督约束，只有进一步建立健全动态的长效监督管理机制，才能确保基层党建的健康发展。首先，建立全程监督机制。目前很多地方仍以注重结果惩戒的事后监督为主，但实际上只有真正做到事前预防、事中跟踪、事后惩戒，才能真正实现源头治理，因此，要逐步建立健全程序严密的全程监督机制。同时，机构设置上必须明确机构职能划分，保障分工合作，不越级不越界，在强化自上而下监督的同时加强平行相互监督。其次，建立健全程序公开透明的监督机制。要积极实施党务公开，不仅要对日常党务工作事项进行公开公示，还要公开监督过程实施、监督结果通报等，让党员干部、党务工作人员全面了解和有序参与党内事务。最后，建立健全形式多样的考评机制。综合运用随机抽查、督促检查、述职评议考核、第三方机构考核等方式，围绕管钱、管人、管物、管工程等重点领域和关键环节，分类、分地区制订有特色的量化考评标准，将考核结果与党员干部、党务工作人员的个人考核结果挂钩，用奖惩分明的绩效考核机制确保监督的刚性和有效性。同时，利用常态化的党小组会、支部大会、支委会形式等召开专题民主生活会，及时校正城市基层党建工作中存在的偏差，确保城市基层党建的顶层设计和整体规划落到实处、收到实效，进一步增强基层党员的党内监督意识。

二、充分推进覆盖广泛的外部监督

一是重视人民群众的监督。习近平总书记强调，"人民群众中蕴藏着治国理政、管党治党的智慧和力量，从严治党必须依靠人民"①。城市基层党建的主阵地在城市基层，工作对象是城市居民群众，城市基层党建开展的成效如何，城市居民群众最有发言权。如若不能形成群众监督的社会氛围，监督的广泛性以及最终的效益性就难以得到充分发挥。但从目前已有实践来看，基层党建过程中社会参与度普遍较低，因此，加强社会力量或群众百姓的监督、改善群众"不愿监督、不敢监督、不会监督"的现象刻不容缓。首先，加强对群众的教育培训，培养群众的监督意识，提高群众的监督能力，有利于改善群众不会监督的现象，进而进一步激发群众参与监督的热情，让群众监督作用充分发挥。其次，建立健全群众监督激励和保护机制。通过物质激励与精神激励相结合的方式增强群众监督的积极性与主动性，从而改善群众不愿监督的现象。建立健全群众监督保护机制，鼓励群众依法监督的同时，切实保护群众的利益和安全，为群众监督创造法制保护的健康环境，从而改善群众不敢监督的现象。最后，建立完善的群众评议城市基层党建工作制度，拓宽群众监督城市基层党建工作的制度化渠道，建立即时便捷的意见反馈机制，切实把外部监督的制度优势释放出来，更好地发挥群众监督在提升城市基层党建质量方面的积极作用，如

---

① 习近平：《在党的群众路线教育实践活动总结大会上的讲话》，《人民日报》，2014 年 10 月 9 日，第 2 版。

建立基层党建社会监督员队伍，健全社会力量参与城市党建的机制，从而建立基层党建监督常态化平台。通过采取自愿申请与组织指定相结合的原则，形成覆盖社会各行各业群众的社会监督员队伍，扩大监督队伍，增强监督力量，形成上下监督的工作合力，对基层党员干部、党务工作人员的党建工作进行监督，对其不规范的行为进行记录反映，督促党建工作透明公开，有利于延伸监督触角，拓展监督空间，确保监督切实到位。

二是重视网络舆论的监督。互联网的开放性、交互性和便捷性，在传统的制度化渠道之外为社会公众平等参与政治生活、表达利益诉求开辟了新通道。从党组织的角度看，互联网"去中心化""去权威"的特性，深刻改变了党与社会之间的相互关系，提高了新时期群众工作的难度，也给党的执政环境和执政方式带来全新的挑战。如何统筹社会空间和网络空间的关系，走好新时期"网上群众路线"已经是城市基层党组织不可回避的现实问题。具体来说，首先，城市基层党组织要树立互联网思维，善于运用互联网拓展网上群众工作新领域，通过网络"零距离"的交流互动来问政于民、问需于民、问计于民，及时倾听社情民意，加强舆论宣传引导，及时化解矛盾冲突，实现线上互动、线下联动的有机衔接，真正把网络空间的群众工作做好。其次，有效依托网络信息化平台拓展监督渠道。通过以手机、电脑、电视为传播介质，搭建监督平台，使群众了解基层党建工作具体事宜，增加监督问责反馈渠道，方便党员干部、党务工作人员与群众进行经常性的互动和零距离的接触，实现群众参与基层监督的便捷性，但同时也要做好平台与各方资源整合的规范工作，使监督规范化、有序化。最后，发挥舆论监督的力量来监督和预防腐败。充分利用网络平台、媒体力量报道一些反面典型案例警示教育广大党员干部，及时报道惩贪治腐重大成果，以及推广各地反腐防腐的好经验好做法，提升反腐防腐工作水平。同时，建立健全舆论监督的法律保障，让社会群体敢于监督、理性监督、依法监督，进而形成横向到边、纵向到底、上下联动的监督网络。

三、坚持党内监督与党外监督相结合

随着中国共产党全面从严治党的实践不断向基层延伸、向纵深推进，中国共产党对基层建设监督存在盲点和漏洞的问题也越来越重视。2016 年通过的《中国共产党党内监督条例》强调要"坚持党内监督和人民群众监督相结合"[①]。党的十九大报告进一步指出，"增强党自我净化能力，根本靠强化党的自我监督和群众监督"[②]。随着全面从严治党和反腐败斗争的深入开展，党内监督和群众监督相结合的权力监督方式越来越受到重视，并在全国各地都有了具体的实践。为提升城市基层治理能力，充实基层服务力量，完善党员干部监督机制，云南省普洱市思茅区纪委监委、区委组织部制订出台《关于充分发挥社区职能全面加强党员和公职人员"八小时外"监督实施办法（试行）》[③]（下文简称"《办法》"），依托社区、小区党组织，进行全方位监督，构建全方位、立体式、无死角的大监督格局，明确以小区业主委员会、小区物管、居民群众等为监督主体，共同参与到对党员、公职人员的监督管理中。整合纪检监察、组织人事、公安等职能部门数据资源，将"八小时外"监督层层收缩、落细落小。要求全区党员、公职人员自觉到社区报到登记，并主动服务、积极参加志愿活动，由社区定期收集并核实

---

① 《中国共产党党内监督条例》，http://news.12371.cn/2016/11/02/ARTI 1478087905680175.shtml。

② 习近平：《决胜全面建成小康社会 夺取新时代中国特色社会主义伟大胜利》，《人民日报》2017 年 10 月 28 日，第 1 版。

③ 《普洱：充分发挥社区功能 全面加强党员和公职人员"八小时以外"监督》，http://www.ynjjjc.gov.cn/info-132-91017.html。

信息后向纪委监委、组织部门反馈党员、公职人员遵纪守法、遵守公序良俗情况。同时，纪委监委及组织部门会定期组织召开联席会议进行分析研判，发展党员、干部选拔任用、职级晋升、评先评优等事项适时在社区、小区进行公示，适时听取乡镇（街道）、社区党组织书记的意见，接受居民群众监督。将党员、公职人员"八小时外"的"五德"表现、志愿服务情况作为干部考察考核、评先评优的重要参考依据，将社区、责任单位履行监管职责情况纳入党建及党风廉政建设责任制检查考核内容。对"八小时外"发生违犯法律法规、违反党风党纪和败坏社会道德，严重影响单位和干部形象行为的党员、公职人员，经调查核实后采取提醒谈话、批评教育、问责、组织处理、纪律处分等多种方式处理，违法犯罪的移送司法机关依法追究责任。《办法》的实施，增强了全区党员和公职人员自我约束与遵纪守法的自觉，有效推动思茅区社会治理和服务重心向基层下移，使人员力量向基层下沉，力促社区、小区全面掌握居民情况，实现家庭情况清、人员类别清、区域设施清、隐患矛盾清、网格责任清，切实把监督制度优势转化为基层治理效能。因此，借鉴相关地区优秀经验，坚持党内监督和党外监督相结合，能有效实现党内监督和群众监督的有效衔接，增强监督合力，具体而言：

一是建立健全党内监督和党外监督相结合的制度。建立完善党内外监督相结合的相关制度是加强城市基层党建权力监督的重要保障，因此必须做好党内监督和党外监督相结合的基层实践创新的制度设计。目前全国范围内虽然仍没有形成制度化、规范化、普遍化的党内监督和党外监督相结合的制度，但全国各地区早已开始立足本地实际的探索性实践。其中，基层廉洁工作站就是党内监督和群众监督相结合在基层实践创新的一种有效形式，设立基层廉洁工作站，借助群众的监督，延伸党内监督触角，在解决党内监督存在盲点、党内监督力量薄弱的同时，提高了群众在基层党建工作中的知晓率和参与度，通过监督管理网络化、监督队伍群众化、监督手段多样化，强化了党内监督和群众监督相结合的监督合力和实效。这只是其中一种党内监督和党外监督相结合的制度，未来各地区可根据当地特征，针对性地建立党内外监督相结合的制度，充分运用社会力量融入党内监督，从而使得这一监督方式进一步程序化、规范化、科学化、制度化。

二是建立健全基层党组织与群众良性互动机制。加强党内与党外的良性互动，有利于提高城市基层党建过程中监督体系创建的实践创新活力。首先，重视广大人民群众的力量。党组织对党员干部、党内工作人员的监督问责要充分依靠群众，广泛发动群众，紧紧依靠群众来加强和改进党内监督工作。保障、畅通人民群众监督反馈渠道，把群众监督融入党内监督之中，汲取群众智慧，弥补党内监督存在的缺陷和不足。其次，建立健全问题处理反馈制度。通过信访举报、热线举报、互联网媒体举报等方式拓宽群众问题反馈渠道，及时对群众提出的问题进行处理并反馈，回应群众的关切。同时，不断完善党务公开制度、丰富公开内容、创新公开形式，提高党建事务公开公示的针对性和时效性，有助于激发群众的监督热情，提高群众监督的积极性和主动性，增强党内监督和群众监督相结合的合力。最后，基层党组织要加强对群众有序参与监督的领导。群众监督必须在党内监督的领导下有序进行，否则就会陷入无序状态，导致局面失控，产生严重后果。在平时要加强对群众相关法规制度的教育宣传力度，提高广大人民群众对合理合法监督的认识。同时也要维护好监督主体的权利，积极维护广大群众参与监督的权利，激发其监督主体意识，形成支持和拥护监督的氛围，提高群众监督工作的参与度与积极性。

党建

引领城市基层治理创新的浙江实践

　　浙江省是城市基层党建创新较为活跃的省份。近年来，浙江大地涌现出的以党建引领推进业委会和物业企业建设、智慧党建助力城市基层治理、"契约化"党建提升城市基层治理水平、以标准化党建推进"五共"提升"五力"的探索实践、以行业系统党建提升城市基层治理效能、以"8分钟党员活动圈"构建基层党建互联互动大平台、"小岛迁，大岛建"背景下海岛城市基层党建模式探索等为代表的创新案例为全国各地党建引领城市基层治理提供了有益借鉴。本部分精选了"全国城市基层党建创新案例"的七个典型样本进行展示，以加深读者对党建相关理论和实践的理解。

案例一　以党建引领推进业委会 和物业企业建设①

一、背景动因

近年来，伴随经济的高速发展、住房商品化的快速推进和群众对更高品质生活的追求，物业服务管理行业迅猛发展。从杭州情况看，截至 2018 年，登记备案的专业化物业管理项目已超 3000 个，准物业管理项目 402 个，登记备案的业主委员会 1188 个，在杭注册的物业企业 1100 余家，从业人员 11 万余人。物业管理已经成为承载各种群众利益、需求、矛盾的载体和平台，与居民群众日常生活休戚相关，与城市发展、城市品质融为一体。但是由于物业服务管理水平参差不齐，物业撂挑、业委会渎职等问题时有发生，由此造成的信访问题数量逐年攀升，这些问题如果得不到及时解决，久拖成疾，就有可能导致矛盾激化，影响人民群众的生产生活，影响城市改革发展稳定，影响党在城市的执政基础。

面对物业管理难题，杭州市坚持以党建为引领，充分发挥党的政治优势和组织优势，健全党的组织体系和工作体系，加强物业行业指导监管和保障支撑，构建街道社区党组织领导下的居委会、业委会和物业企业联动服务机制，不断提升物业服务

---

①　案例中涉及的区名均为 2021 年杭州市区划调整前的行政区。

管理水平，增强居民群众的获得感、幸福感、安全感。2017 年，在卜城、江干、拱墅三个区先行试点；2018 年，在总结试点经验基础上，研究制订《关于以党建引领推进业主委员会和物业服务企业建设的指导意见》《杭州市业主大会和业主委员会工作指导规则》，并召开推进会在全市推广。

二、主要做法

针对"权责不清不想抓"，建立上下协调、齐抓共管的四级责任体系，确保有人抓。"看得见的管不着，管得着的看不见"，这是当前物业管理矛盾纠纷比较多的主要根源。杭州从理顺职能、健全机制、压实责任入手，着力破解物业管理主体权责不清、管理缺位的难题。一是充分发挥市级主管部门行业引领作用。研究制订《加强和改进全市住保房管系统党建工作的意见》等文件，成立市物业行业协会党委，推动市住保房管局抓行业系统党建与抓业务同步，提升房管系统党员干部履职意识和能力水平，理顺物业行业协会党建工作体制机制，加强物业服务管理行业工作的指导、督查和考核。在市住保房管局指导下，江干区率先制订《物业服务项目星级评定办法》，对物业项目实行党建工作和物业服务"双百分"考核评定，在 61 个申报项目中评定出五星级项目 25 个，评定结果记入企业信用档案，与物业企业市场准入挂钩；建德市出台《物业企业考核管理办法（试行）》和《关于扶持企业发展提高物业管理水平的若干意见》，加强物业企业综合考评，形成奖优罚劣的倒逼机制。二是着力强化区县（市）统筹协调功能。在区县（市）建立由分管领导任组长，组织、住建、民政、城管等部门负责人和街道分管领导为成员的物业服务管理行业领导小组，领导小组下设办公室，实行实体化运作，常态研究业委会和物业服务管理重大问题。组建物业行业协会、业委会联谊会、物业服务管理纠纷调解委员会，并建立相应党组织，加强对业委会、物业企业党建和业务工作的培训、指导和监督。比如，萧山区构建"1+1+2"管理体系，成立区级物业工作领导小组，在区住建局成立专门工作机构，探索成立由121个业委会参加的萧山区业委会建设促进会和促进会党委，推动业委会、物业企业双线同步抓规范。三是严格落实街道社区属地管理责任。结合街道体制改革，优化街道职能和内设机构，强化街道对物业管理的属地监管职责。依托"基层治理四平台"建设，推动社区党组织把业委会、物业企业党组织纳入网格党建范畴，加强对业委会、物业企业的资源力量整合，推动形成社区治理合力。

　　针对"党建真空没法抓"，健全规范有序、同向发力的党组织体系，确保抓得牢。业委会作为自治组织，物业企业作为市场经济主体，街道社区在管理过程中始终感觉有些缩手缩脚，不敢理直气壮加强党的领导。杭州从加强党的组织和工作覆盖入手，把党的组织有效嵌入业委会、物业企业，建立健全以街道和社区党组织为核心的组织体系，提升基层党组织组织力。一是关口前置，把关业委会组建。在业委会组建和换届过程中，街道社区和主管部门做到组织提前介入、人选严格把关、意图指向鲜明、程序合法合规，提高业委会成员中党员比例，真正把组织认可的人、群众信任的人推到前台，做到从源头上掌握主动权。比如，上城区、下城区、西湖区等地在指导意见中明确不适宜担任业委会委员的负面清单，鼓励党员业主积极参选，旗帜鲜明树立正确导向。二是加快党的组织和工作覆盖。采取单建、联建、区域建、派驻党建指导员等多种方式，推进业委会、物业企业党的组织、力量和工作覆盖。明确业委会党组织、物业企业党组织责任清单、任务清单，强化政治引领、组织引领、能力引领。比如，滨江区制订实施《党的基层组织在社区网格、业委会、物业"三个全覆盖"工作指引》并下发2018年任务清单，全区小区业委会和物业企业党组织组建率达95.16%

和 78.26%。三是推动交叉任职，提升组织合力。积极通过法定程序推动"双向进入、交叉任职"，推荐社区"两委"班子成员进业委会，推荐党小组长和楼道长担任业主代表，推荐业委会主任、物业企业负责人担任社区党委或居委会兼职委员，使各方"合成一股力、拧成一股绳"，形成同频共振、同向发力的组织体系。比如，江干区在 2017 年社区组织集中换届中，新增 76 名业委会主任、55 名物业企业负责人进入社区"两委"兼职。

针对"协作不畅不好抓"，创新有机衔接、良性互动的联动服务机制，确保抓得顺。社区居委会、业委会和物业企业之间职责不清、协调不畅、互相掣肘，是物业管理矛盾纠纷得不到及时化解的重要原因。杭州通过建立社区党组织领导下的联动服务机制，盘活整合多方资源，促进相互衔接、相互配合，聚力服务居民群众。一是建立协同议事机制。由街道社区党组织牵头，建立居委会、业委会、物业企业和辖区治理力量共同参加的多方联席会议制度，定期召开会议，交流工作推进情况，汇集居民群众诉求，研究有关矛盾问题解决方案。比如，2018 年，西湖区北山街道成立物业议事委员会并组建临时党支部，邀请辖区内各类代表商议解决物业聘请、便民充电桩建设等物业热点难点问题 22 个。二是建立协同处置机制。按照"重在解决问题，重在取得实效"的要求，由社区会同业委会、物业企业同步建立联动巡查、联动分析、联动处置的工作机制，对小区环境改造、公共设施改善等重大事项，共同研究方案，明确责任落实，对复杂问题由各方指定专人成立项目行动小组合力推进解决。比如，拱墅区整合职能部门和属地力量，成立社区、物业、业委会三方协同治理工作区街社三级办公室，小河街道小河佳苑小区依托重大事项"业委会动议、三方党组织提出、社区党委预审、业主大会决议"决策流程，完成 41 台电梯大修改造工作，签订全国首份"电梯养老保险"，彻底破解电梯养护难题。三是建立协同监督机制。全面落实以社区民情恳谈会、社区事务协调会、社区工作听证会和社区成效评议会等"四会制度"为重点的协商共治机制，对涉及物业服务管理的重大事项、重要问题，街道社区党组织引领各类组织和广大居民群众有序参与事前、事中、事后的全过程监督，进一步提升社区治理水平。

　　针对"保障不强无力抓"，出台全方位、多维度的支撑保障机制，确保抓得好。物业管理是一项面广量大的综合性社会事务工作，需要政策支持、部门支撑、专业指导等多方面的保障，单靠房管部门和街道社区基层力量还远远不够，必须整合各方资源、凝聚各方力量。一是整合部门力量。充分发挥物业服务管理行业领导小组和物业行业协会、业委会联谊会、物业服务管理纠纷调解委员会"一组三会"作用，加强行业指导，及时协调解决问题，保障社区党组织引领社区各类组织有资源有能力为群众服务。二是强化专业指导。把物业企业管理人员培训纳入物业行业协会职责，把业委会成员培训纳入街道综合管理职责，常态化开展专业化能力教育培训。鼓励各地引入专业化的社会组织平台，通过党建同步培育，行业同步规范，助力业委会、物业企业提升物业服务品质。比如，江干区"凯益荟"孵化"凯居宜"家园服务社，为物业、业委会协同运转提供党建培育、专业指导、矛盾调解和应急服务，一年来为 8 个新老物业交替提供过渡接管服务。三是加强兜底保障。注重分类研究，针对性健全保障机制，在街道社区党组织领导下，加强对非专业化物管小区的保障支撑。对自管住宅小区，通过党建联建、认领共建项目等方式，引导辖区专业化物业企业加强指导帮助；对无物业管理区域，合理划分区域，根据不同区域特点明确引入合适的物业服务管理方式；对弃管小区，建立应急管理机制，通过组建自助物业服务站或引入公益物业的方案进行过渡解决。比如，上城区推进"国企兜底"运行机制，2018 年已有 34 个弃管小区由区属国有物业企业进行兜底管理。

三、主要成效

党的领导力不断增强。通过加强党的组织和工作全面覆盖，积极推行交叉任职，党对物业企业、业委会的领导全面加强。全市854个业委会、492个物业企业已实现党的组织和工作覆盖。一批业委会和物业企业明显感觉到有了主心骨，抓工作更有方向了，搞服务更加顺畅了。

基层治理机制逐步完善。通过党建工作的有效嵌入，创新街道社区党组织领导下的居委会、业委会、物业企业三方联动机制，有效凝聚多方合力，提升基层社会治理能力。2018年，全市70%的社区已建立社区党组织领导下的多方联席会议制度。社区干部普遍认为，开展工作比以前顺了，矛盾纠纷比以前少了，关心社区的人比以前多了。

一批民生问题得到有效破解。物业企业、业委会党建工作打通了服务群众的"最后一公里"，小区物业服务水平进一步提升，一批关乎群众切身利益的实际问题和矛盾纠纷得到有效破解，信访投诉明显减少，社区氛围更加和谐，群众满意度不断提升。截至2018年10月，全市共收集各类问题2212个，其中已解决2169个。

党的执政基础更加牢固。物业企业、业委会党建工作通过健全党的组织体系，突出政治功能，发挥基层党组织战斗堡垒作用和党员先锋模范作用，在化解基层矛盾、解决群众期盼中，充分凸显党组织的地位作用，让群众明白惠从何来，夯实了党在基层的执政基础。

四、经验启示

坚持党建引领，是基层事业发展的根本保证。从党领导一切的政治原则看，越是问题多的地方，就越要旗帜鲜明地加强党的领导。实践证明，物业企业、业委会党建工作是党建引领基层治理的有效探索。只有把党的建设摆在首位，强化党的全面领导，用党的组织体系和工作体系去理顺、规范、支撑物业企业和业委会的组织建设和工作规范，才能让社区居委会、业委会、物业企业"三驾马车"步调一致、同频共振、同向发力，切实改进民生，完善社会治理。

坚持民生导向，是党一切工作的最终价值追求。从以人民为中心的价值追求看，党建工作做得好不好，不要向"墙上"看，要向群众"脸上"看。为此，杭州始终坚持把解决群众最关心、最直接、最现实的问题作为党建工作的出发点和落脚点，通过党组织牵头抓总、统筹协调，把党的工作渗透到解决群众"关键小事"的过程中，党的作用进一步发挥，让群众真切感受到了党建温度，在提升群众的获得感中巩固了党的执政根基。

坚持条块协同，是解决物业管理难题的关键所在。物业管理难，难在责任边界不清。杭州着眼将事权和责权归为一体，在推动物业、业委会监管中，把部门的业务指导责任与属地的兜底管理责任有机结合，坚持双向用力、双向管理、块抓条保，日常管理考核由业务部门制订标准，街道社区负责统筹实施，又反向考核评价部门工作，构建起自上而下、权责清晰、支撑有力的一体化运转体系。

坚持分类推进，是促进精细化治理的必然要求。找准党建引领基层治理的着力点，提高靶向精准性是必然选择。为拓展业委会物业党建的深度和广度，多层次全方位加强党对物业管理工作的领导，杭州在分类型研究不同小区物业服务管理模式基础上，逐类"把脉会诊"，分部门压实齐抓共管责任，分阶段推进工作试点深化，由点及面、因地制宜、统筹推进，逐渐探索出一条符合基层实际、满足居民需求的党建引领业委会和物业企业建设新路子。

案例二　智慧党建助力城市基层治理

宁波主动顺应互联网和信息技术发展潮流，积极运用信息技术推动城市基层党建创新发展，通过创新党员教育管理、深化服务集成、构建大数据决策分析系统，不断为城市基层党建工作注入新的活力。

一、实施背景

经济社会的快速发展和信息技术的更新换代，带来世情、国情、党情的新变化，只有将基层党建传统优势与信息技术有机融合，才能推动党内政治生活呈现新形态、新方式，推动实现党的执政方式现代化。

一方面，深化智慧党建是经济社会发展新形势的必然选择。改革开放持续深入，经济社会发展日趋多元，显示出了巨大的发展动力和包容性。社会经济成分、社会组织形式、社会生活方式和社会意识形态都发生了巨大改变，基层党建工作格局面临深刻变化。新社会组织形式和新阶层人士的大量涌现，亟须运用信息技术进行党建覆盖；流动日趋频繁的党员，亟须运用信息技术来提高管理的精细化水平；更加现代化的生活方式下，必须要用信息技术来创新深化党员联系服务群众工作；党员队伍的年龄结构、知识结构和阶层结构发生许多新的变化，更离不开用信息化的教育管理强化意识形态的引导。

另一方面，深化智慧党建是全面从严治党新常态的必由之路。新常态下，横向到边、纵向到底、持之以恒管党治党的责任体系更加严密。要落实全面从严治党新常态，必须充分发挥现代信息技术资源丰富、标准统一和管理便捷等优势，大幅扩大党组织的活动舞台和辐射范围，大幅提升党员教育管理的规范化水平，大幅加强基层落实"从严"标准的实效性。

二、主要做法

宁波市高度重视运用信息化手段推进党建工作，是较早提出智慧党建的城市。从 2003 年开始，经过十几年探索实践，从单机到联网，从局部到全域，从信息化到智慧化，构建起覆盖基层党建各个环节的智慧党建运行体系，对基层党组织和党员进行实时管理和有效监督，初步形成了具有宁波特色的智慧党建运行模式。

打造"两网一卡"全员动态管理系统。2004 年建成连接市、区、街三级"党内信息网"，2013 年创新推出党员"锋领考评网"。以"两网"为后台支撑，制发党员 IC 卡，绘制三维党建地图，创建网络 e 支部，发动城区党员按图索骥，凭卡跨区域、跨支部、跨行业参加组织活动和志愿服务。党员日常表现实时记录、积分管理、公开晾晒，用一把尺子对党员作用发挥进行评价，激励先进、鞭策后进。海曙区每月对党员表现进行统计，采用瀑布式活动图、气泡式亮灯等形式，自动生成体检报告，以邮件、短信等方式进行提醒，2018 年共发出各类提醒单 12 万份。

搭建"一线四终端"服务平台。"一线"，就是开通党员"81890"服务热线和服务网页，24 小时全天候接受群众电话求助，2015—2018 年共对接志愿服务需求 10.8 万次，得到了群众"拨一拨就灵"的赞誉。"四终端"之一，就是建立"甬·志愿"手机 App，涵盖志愿服务、公益众筹等九大功能，打造"指尖上的志愿服务"。目前，已有 2148 个党员志愿服务团队入驻，开展志愿活动 14.1 万起，认领微心愿 1.7 万个，实现了志愿服务的提速增效。"四终端"之二，就是建立"明日菁英"平台，设立实习、兼职等 7 个栏目，促进高校学生与企业之间的人才对接。"四终端"之三是针对"两新"组织领域，聚焦"党政聚力·帮企成长"，打造了"锋领红帮"8718 企业服务平台，发挥党建引领作用，为全市企业提供政策帮享、人才帮育、市场帮需、困难帮解、党建帮强"五帮"服务，截至 2019 年，平台已入驻企业 16 万家，每天在线超过 1.1 万人次，日均受理企业各类需求 300 余件，进一步延伸拓展了智慧党建服务经济发展的功能。"四终端"之四是依托政务云平台，开发的"宁波红"党员教育 App，开设"领雁访谈""初心领航""四明云课""红色基地"等主题板块，提升了党员教育的及时性和便捷度。

集成打造智慧党建平台。着眼运用信息技术建立党建大数据决策分析体系，着力破解业务条线数据系统彼此独立、信息孤岛问题。按照"与上级业务部门保持标准统一，统一存储库、统一交互云、统一应用核、统一建管用"的原则，从支撑体系、应用体系、服务体系 3 个一体化入手，整合组织、干部、人才、综合办 4 个业务板块 17 个业务系统，集成打造"1 芯 4 核多场景"（即 1 个数据中心、4 个核心业务平台、多个应用场景）党建综合大数据平台，打通与综治工作、市场监管、综合执法、便民服务"基层治理四平台"的信息壁垒。具体包括数据中心、干部大数据综合管理平台、基层党建管理平台、人才工作管理平台、综合办公平台、统一门户网站、综合集控平台等七大建设任务，努力实现一网整合、数据穷尽、在线研判、全程追溯、业务预警等功能，做到组织工作"见人见事见轨迹"。

三、工作成效

从基层的实践情况看，这种智慧党建模式为基层党建工作带来了实实在在的变化，主要体现在三个方面：

党员的表现更加直观可见。这一模式对每位党员都设置一个考评达标分，按照不同领域党员设定，除了规定的"三会一课"外，每参加一次服务可额外加 1 分。广大党员对照考评标准，自觉参加党内活动，还立足本职岗位主动参加各类奉献社会的志愿服务。通过智慧党建在党员考评上的应用，客观全面记录党员日常行为轨迹，并进行量化积分，不仅有利于发现党员典型，而且推动基层支部和党员形成你追我赶的良好氛围。

支部运转更加规范高效。运用信息化手段，统一规范党务流程，让党务工作者能够按图索骥、照章办事，提升规范和效率。如基层普遍反映的发展党员流程把控难的问题，通过在智慧党建平台中对应设置 5 个阶段 25 个管理环节，对每个环节定时、定人、定责，实行全程纪实管理。在平台中嵌入提醒功能，将各支部开展"三会一课"、主题党日、交纳党费、发展党员等情况纳入实时监测，通过红黄灯亮灯警示进行督促提醒。很多党务工作者都说，用这个平台辅助开展发展党员、组织活动、交纳党费等，既保证了业务规范，又强化了党建业务。

服务大局更加精准主动。借助智慧党建平台，引导党员干部更好地聚焦主责主业、履行岗位职责。现在很多单位都把党员积分考评和窗口绩效挂钩，引导党员干部积极开展服务方式零距离、服务过程零差错、服务质量零投诉"三零"党员示范岗创建，推出"全程领办"服务，全面助力浙江大力推行的"最多跑一次"改革。也有一些单位把拆迁征收、招商引资等大项目，通过智慧党建平台进行责任分解、任务细化，考准考实每一个环节和领域，大家履职更加主动，服务大局也更有成效。

案例三　深化"契约化"党建
提升城市基层治理水平

越城区（高新区、袍江开发区）地处杭州湾南岸，宁绍平原西部，会稽山北麓，位于浙江大湾区核心区，是绍兴市政治、文化中心，市委市政府所在地。越城区（高新区、袍江开发区）围绕念好"两业经"、唱好"双城计"、打造"活力城"，勇当高质量发展的排头兵，努力成为浙江大湾区建设的示范区、绍兴大城市建设的引领区。

一、背景与起因

随着经济社会快速发展，城市管理重心逐步下移，社区不同阶层、群体的需求日益多样，对社区党组织的期望也越来越高，社区党组织服务群众、加强管理的任务日益繁重。而社区辖区内机关企事业单位较多，"两新"组织大量涌现，这些单位都拥有大量的党建、服务资源，如何把党的组织和党的工作向这些"两新"组织延伸，建立形成社区党建"契约化"共建载体？

2010年以来，越城区委以时任中共中央政治局常委、国家副主席习近平同志的重要批示为遵循，扎实开展"五星和美"创建，深化"契约化"共建，在加强新时代城市基层党建中形成了"越城实践"。

二、主要做法

围绕城市治理大局，精心谋划社区党建"契约化"共建。根据城市建设的新目标、新任务和社区居民的新需求，突出优化服务，建立健全党建共建机制，着力构建区域化党建新格局。在工作中，坚持平等自愿、互促互进、贴近实际，主动适应社区社会经济成分、组织形式、就业方式、利益关系和分配方式日益多元化趋势，通过平等协商的方式，在充分尊重驻区单位党组织意愿基础上，共同签订《社区党建共建契约》，用契约形式来约定双方权利和义务，齐心协力推进社区党建；引导各社区党组织和驻区单位在资源的使用上做到相互整合、相互开放，取长补短、互利互惠，推动社区服务从以往单向模式向社区与共建单位双向互动转变；指导社区党组织根据实际，充分挖掘自身资源优势，为驻区单位提供丰富的服务项目和内容；驻区单位根据社区需要服务的内容，结合自身优势和特点，自主推出顺应社区需求的服务项目，实现服务内容由单一向多元的转变。

规范五步工作流程，有序推进社区党建"契约化"共建工作。社区与驻社区单位以"五约"为基本流程，在逐一沟通的基础上，分步实施。第一步"谈约"。社区党组织通过走访驻区单位、发放"驻社区单位基本情况调查表"等方式，全面掌握驻社区各单位情况，了解其签约意愿，并确定签约单位。社区和驻社区单位根据各自优势分别列出相互服务项目"菜单"，共同商定契约内容和服务项目。第二步"签约"。社区党组织牵头召集驻社区单位召开社区党建共建议事协商会议，按照平等自愿、双向互利原则，与各驻社区单位签订《社区党建共建契约》《年度社区党建共建工作计划》，明确各自的权利义务和具体职责任务。第三步"亮约"。社区党组织将《共建契约》和《共建工作计划》在社区党务公开栏内进行公示，邀请居民参与，接受居民监督，增强签约双方的责任感。第四步"履约"。社区党组织和各驻社区单位根据共建契约和年度共建工作计划，组织开展社区党建共建活动；可定期或不定期召开社区议事协商会议，分析新情况新问题，进一步研究对策措施，同时明确下阶段具体工作任务和举措。第五步"评约"。履约期满后，召开社区党建共建议事协商会议，交流汇报最终履约情况，考察履约效果，并征求改进社区党建"契约化"共建的意见建议。同时，评选、表彰一批先进单位和个人，形成工作开展的良好氛围。

明确四项工作重点，着力提高社区党建"契约化"共建水平。坚持以共同需求、共同利益、共同目标为纽带，切实增强共建工作的针对性和有效性。一是党建工作共促。社区党组织和共建单位党组织定期交流研讨，相互学习、借鉴党建工作做法经验，并共同过组织生活、开展主题党日活动、组织党员学习、研究党建难题，共同提高党建工作水平。二是党建资源共享。各社区党组织利用社区党员群众活动场所、党员服务站、社区党校、远程教育播放站等资源，为驻社区单位提供服务。2018年以来，社区党员干部远程教育站点已普遍成为共建单位党员培训基地。驻区单位也最大程度开放本单位阵地资源，为社区居民开展活动提供方便。如绍兴市第六人民医院、市水务集团等企事业单位分别派出讲师团，为社区党员上党课。三是社区服务共建。把服务社区、服务居民、服务党员作为社区和共建单位党组织工作、活动的重要内容，组建党员义务服务队，开展志愿者集中服务，共同联系服务群众。四是和谐社区共创。社区党组织和驻社区单位共同研究社区建设和社区管理工作，做到思想工作联做、辖区治安联防、基础设施联建、公益事业联办、群众文化联动、社区发展难题联解、社区活动联搞，共建文明和谐社区。

健全"一网三制"体系，确保社区党建"契约化"共建持续长效。为确保"契约化"共建工作持续深入开展，就要健全

"一网三制"体系，使活动有平台和制度保障。一是构建社区党建共建网络。社区建立社区党建"契约化"共建工作领导小组，街道成立社区党建"契约化"共建工作委员会，社区建立以社区党组织主导、共建单位共同参与的社区党建共建议事协商会议制度，把驻社区单位纳入区域化党建网格，形成上下联动、条块结合的社区党建共建工作组织网络。二是建立组织运行机制。制订《社区党建共建议事协商会议章程》，明确社区党建共建议事协商会议的性质、组成人员、目标任务和运作方式，确保社区党建共建工作权责明确、高效有序运行。三是建立沟通协调机制。以社区党建共建议事协商会议为平台，社区内各党组织定期或不定期召开联络员会议和成员单位会议，及时沟通反馈信息，共同解决共建工作中的难题。四是建立激励保障机制。制订《社区党建共建工作先进单位和个人的评选办法》，区委、街道和社区年底各评选一批共建工作先进单位和个人，逐步建立以精神和物质相结合的社区党建共建工作激励机制。

三、成效与反响

社区党建"契约化"共建发端于 2008 年，入选全省基层党建工作十大典型案例。越城区坚持不懈探索实践，努力做深做精这一品牌，紧扣区街工作重点和社区热点难点，一居一项目、一居一特色，项目共建，责任共担，合力破解社区管理各项难题，力求取得实质性共建成效。主要取得以下几方面成效：

一是实现了辖区资源共享。"契约化"共建促使社区内的组织、阵地、服务、党员、人才、信息等资源得到了有效整合，资源互补性增强，利用率大大提高。

二是增强了社区服务功能。"契约化"共建，不仅拓宽了社区服务的覆盖面，使社区服务延伸到了驻区各单位，也促使驻区单位从自身实际出发，主动服务居民，为社区提供人、财、物支持，形成了双向互动、多元服务的格局。

三是形成了共驻共建合力。"契约化"共建激发了驻区单位参与社区共建的热情，破解了驻区单位参与社区共建热情不高、责任心不强、参与面不广等难题，驻社区单位与社区的关系日益密切。截至 2018 年 10 月，有 101 个城市社区已与 1148 家单位签约共建，确定重点共建项目 159 个。

四是助推了重点工作落实。2016 年至 2018 年，实施"契约化共建、项目化管理"83 项，其中，涉及"五水共治"方面的 17 项、控违拆违方面的 13 项、"洁净越城""平安越城"创建方面的 16 项。如戴山街道戴山社区结合"五水共治"主题，与 4 家共建单位按照各自职能，合力实施雨污分流改造、辖区内黑臭河整治，工作成果受到辖区居民普遍好评。

四、经验与启示

推行社区党建"契约化"共建，需要有一套健全的共建机制做保障。要建立健全以街道社区党组织为核心，驻社区单位党组织共同参与的城市党建工作共建协调机制。市县两级层面要统筹安排机关部门参加社区共建活动，经常性开展共建活动。要健全完善社区党建共建的组织运行机制、沟通协调机制和激励保障机制，建立在职党员向居住地社区报到制度、党员志愿者服务制度、党员社区表现评价制度等，构建社区共建共享长效机制。

推行社区党建"契约化"共建，需要以增强社区党组织服务功能为基础。开展社区党建"契约化"共建，需要社区具备相应的服务功能，不断提高服务水平，拓宽社区服务的覆盖面，使社区服务延伸到驻社区各单位，使驻社区单位发挥自身优势，配合社区开展服务，形成双向互动、多元化的服务格局，真正为居民群众排忧解难，增强党组织在群众中的凝聚力和号召力。

推行社区党建"契约化"共建，需要以提高社区党建科学化水平为依托。开展社区党建"契约化"共建工作，需不断提升社区党建科学化水平，切实保证社区党组织的领导核心地位，有效发挥驻社区单位和在职党员在和谐社区建设中的作用，使社区党建更加贴近中心，党建资源得以优化配置，进一步扩大党的组织和工作覆盖，推进城市基层区域化党建。

五、探讨与评论

近年来，绍兴市委组织部开展"五星达标、和美家园"争创工作，以街道党工委、社区党组织为重点，加强城市基层治理工作。突出党的领导，党建引领、基层民主、文明、和谐、美丽"五星"联创，打造现代化城市社区，同时坚持标准化理念，每颗星下都制订4条星级标准与4条底线标准，形成"20有20无"创建体系。对标这40条标准，越城区委细化组织部、宣传部、政法委、住建局等17个区级部门创建责任，实施组织创新、网格管理和社区干部激励等7项机制，形成区、街、社三级联动体系，规范社区工作内容，定期清理规范各类社区证明，严格执行《社区工作准入制度》，构建合力推进机制，使"大党建"真正落在实处。

2018年4月，越城区府山街道党工委举行了一场特殊的"拍卖"仪式。讲解、举牌、敲拍卖槌，仪式现场"拍卖"的不是物品，而是来自街道与社区的17个"契约化"党建共建项目，而举牌的"竞拍者"则是街道辖区里80余家共建单位党组织的代表。该区3280名机关干部、教师、医生党员与所在社区党组织签订了党建共建协议，并在社区党建契约"菜单"中选取力所能及的服务，承诺一同参与社区治理，实现了由组织协议到人人契约的跨越。全区5万余名党员干部100%签订承诺书，通过认领微心愿、履职责任岗等途径，在重点工作中发挥带头作用，践行"契约"的"合唱"正在古城奏响。以党建为纽带，"两新"组织党建亦融入"五星和美"创建和基层治理之中，越城区构建起"商圈综合党委＋X"的党建工作体系，激活商圈、楼宇的党建活力，区内最繁华的世贸、银泰、颐高等商圈都建成党建工作"新高地"，将社区、党员、党组织与党建有机融合，形成合力，共创新时代和谐美丽家园。

案例四　以标准化推进"五共"
提升"五力"的义乌探索

义乌市地处浙江省中部，市域面积 1105 平方公里，本地户籍人口 81.8 万，外来建设者 143 万，常驻外商 1.3 万。改革开放以来，义乌市坚持和深化"兴商建市"发展战略，从城区面积仅 2.8 平方公里的农业小县，迅速发展为建成区面积超 100 平方公里、城市化率超 70% 的国际性商贸城市，成为改革开放全国 18 个典型地区之一。近年来，义乌市委认真贯彻上海会议和浙江省城市基层党建"1+2"文件精神，出台加强城市基层党建标准化建设 30 条，实施"双融双创"工程 3 年行动计划，推动城市资源融合、服务融通，促进不同国家、不同地区、不同民族的群众在义乌和谐相处、共同创业，走出了一条独具义乌特色的城市基层党建之路。

一、背景现状

2011 年以来，义乌以国际贸易综合改革试点为引领，积极融入"一带一路"建设，推动开放型经济高质量发展。2018 年，全市地区生产总值 1248 亿元，财政总收入 153.5 亿元。时任国务院总理李克强曾称赞义乌小商品市场是中国名片，义乌商贸城堪称当代"义乌上河图"。随着改革的不断深入和经济的快速发展，新兴业态大量涌现，人员结构日趋复杂，多元文化不断交织，对城市基层党建和社会管理提出了新的挑战。

商贸经济持续活跃，新经济新业态蓬勃发展。义乌是一座建立在市场上的城市，全市市场经营面积 640 余万平方米，商位 7.5 万个，市场主体超过 45 万，汇集 26 个大类、180 多万种商品，注册地在义乌的电子商务账户超 27 万个，内外贸网商密度分列全国第一、第二，快递业务量位居全国各大、中城市第四。作为全国十大创客之城，义乌新型业态、新型贸易、新型组织带来的先发性、先导性问题层出不穷，对基层治理能力提出了新的要求。

人口结构深刻变化，新市民新群体融入城市。义乌是一座开放包容的城市，"莫名其妙""无中生有""点石成金"的发展经验，不断地吸引着外来人员来此淘金圆梦。义乌每年举办"义博会"等国家级展会和进口等专业展会超过 130 个，每年来义乌采购的境外客商超过 50 万人次，有 100 多个国家和地区的 1.3 万名境外客商常驻义乌，14 万少数民族同胞常年生活在义乌。人口结构呈现出流动人口多、少数民族多、外籍人口多的特点，给城市治理模式带来新的考验。

利益诉求复杂多元，市民向往美好生活，有新需求新期待。2018 年义乌城镇和农村居民人均收入分别为 71207 元和 36398 元，城镇居民人均可支配收入多年位列全国第一，市民对美好生活的愿望越来越强烈，需求日趋多元、多样、多变。从 94 个社区党委向辖区单位及党员群众征集的 5.3 万个需求来看，文化娱乐类占 39%、社区管理类占 23%、便民服务类占 12%、就业创业类占 9%，大家最关心的问题，已从吃饱穿暖向追求安全健康、全面发展、精神文明转变。

城市化进程加快，基层治理新情况新问题集中显现。在城市高速发展过程中，义乌加大城市有机更新力度，启动 3 年完成 5.78 平方公里老城区征收改造工作，大力推进撤村并居，2018 年新建 48 个社区。旧屋变新屋、农民变市民、部分城市基础设施和公共服务设施建设跟不上发展步伐等，带来了一系列新的社会矛盾、新的城市管理难题。

在当前的行政管理体制下，各条线各领域各单位资源缺少整合，工作缺乏合力，街道社区资源力量有限，导致城市服务和管理能级较低，城市基层党建整体效应不强。因此，必须全面优化城市基层组织体系、治理体系和服务体系，充分发挥党的组织优势和社会整合功能，凝聚一切可以凝聚的力量，以党建引领基层治理体制机制创新，破解城市管理、社会治理、民生服务等难题。

二、主要做法

义乌市委围绕党建标准化、服务精细化、治理精准化，书记领衔统，常委会专题议，深改组反复研，通过推进组织共建、资源共享、服务共商、基层共治、机制共抓，构建区域统筹、条块协调、上下联动、共建共享的城市基层党建工作新格局。

组织共建，把管理力量下沉一线，一切工作到支部，提升基层政治核心力。实施街道社区体制改革，做强街道"龙头"，做实社区堡垒。街道减机构强职能。聚焦街道改革，统一设置"4+3+X"机构（"4办3中心"7个固定机构，2—3个自设机构），平均缩减站所2.7个、归并职能18项；建立街道大工委，吸纳机关领导干部担任兼职委员，赋予街道党工委规划参与权、派驻人员管理考核权等，街道统筹协调"轴心"显现。社区强服务增力量。94个社区统一按照"1+X+Y"模式（1即社区党委，X即驻区单位、群团组织，Y即驻区非公企业和社会组织）建立大党委，吸纳辖区单位、"两新"组织党组织负责人担任兼职委员，677名兼职委员2314条履职清单100%落到实处。814个机关企事业单位党组织、10870名机关党员干部到社区"双报到"，亮身份，认领文明创建责任区块，社区服务力量增长近20倍。党支部标准化全覆盖。把党组织建在经济社会发展最活跃的细胞上，推进商圈楼宇、特色小镇、各类园区、互联网等新兴领域党的组织和工作全覆盖。如：在义乌国际商贸城组建 31 个支部，全国首推市场党建 12 条标准；依托互联网建立 55 个电商支部，引领"大众创业、万众创新"。

资源共享，把散落资源汇聚到平台，构建"10 分钟党群服务圈"，提升资源要素整合力。建立市、街道、社区（"两新"）3 级"1+14+N"党群服务体系，依托 238 个区域化党群服务中心打造"10 分钟服务圈"。要素配置标准化。党群服务中心统一导览，面积不少于 800 平方米，设立新时代文明实践站、便民服务站、民情议事厅、党群志愿服务站及文体活动场所等公共平台，实现政治功能和服务功能双集成、战斗堡垒组织形态和物质形态双统一。服务资源集成化。94 个社区分别建立区域化党建联盟，整合 677 个机关单位党组织、137 个国企党组织、984 个"两新"组织党组织的服务资源为社区所用。如锦都社区集成 13 家共建单位、群团、"两新"组织资源，培育 16 个特色服务品牌。服务平台共享化。依托党群服务中心，整合党建、政务、社会等各类资源，面向群众开展组团式服务、项目化服务。如陆港电商小镇党委围绕商事登记、社会保障、户籍登记等企业需求，整合公安、市场监管、人社等部门资源，下沉小镇服务清单 91 项，2018 年累计办理各类业务 1 万余件，让群众不出小镇就能享受"一站式服务"。

服务共商，把民生痛点作为工作切入点，解决好群众身边"关键小事"，提升民生服务精准力。坚持问题、需求、民生"3 个导向"，抓实需求、资源、项目"3 张清单"，做到民有所需、党有所为，让群众感受"组织就在身边"。摸实群众需求清单。社区大党委整合力量，1.3 万名党员、2.1 万名群团骨干常态进网格，收集归并居民需求清单。针对停车难问题，新增、规范泊位 17.7 万个，错峰共享泊位 3030 个。有效牵引资源清单。整合街道社区、驻区单位、共建单位、群团组织、"两新"服务联盟等服务资源，形成契合群众需求的资源清单。推动"最多跑一次"向社区延伸，下放民生事项办理权限，实现户籍登记、社保医保等在社区"一窗受理、一网通办"。精准对接项目清单。实施"契约化"共建，每季度召开服务项目对接专题会，对接需求和服务资源，形成服务群众项目清单。2018年以来，全市共享服务资源4000余项，形成服务项目2000余项，开展"红色代办""家长学校"等服务项目300余个，打造"医路公益"等特色品牌126个。

基层共治，把工作对象变成工作力量，以精准管理带动精准治理，提升基层治理融合力。坚持党员干部"五（吾）带头"（忠诚于党、服务人民、转型发展、优良作风、廉洁自律5个带头），参照驾照模式推行党员"12分制"管理，以党的资源撬动社会资源，把工作对象变成工作力量。坚持党群协力共建，在全省率先开展群团改革，全市3076个党组织带6120个群团组织与1150个社会组织，6万党员带12万群团骨干与30多万社会人员，引领基层治理促和谐。坚持线上线下联动。线下实行一网格一支部，11万处67万间出租房设2300多个党小组，其中，1名党员、1名群团骨干联系服务1个楼道的居民。成立互联网行业党委，打造"e路初心"党建工作品牌，引导群众聚正气、去杂音，成为互联网行业发展"红色引擎"。坚持以外调外管外。依托公安部门建立流动党员大数据，实施同等化、精细化管理，引导来自全国31个省份、26个民族的5313名流动党员发挥乡情、乡缘优势，实现对外来建设者的有效管理。鸡鸣山社区围绕打造"国际融合社区"，以开放包容的姿态做好外国人管理服务工作，涌现出一批"洋志愿""洋打更""洋娘舅""洋协管"，老外不见外，都是一家人。

机制共抓，把社区专业力量稳固下来，打通上升通道，提升基层工作保障力。建立市、街道、社区多级联动责任体制，推动社区党组织书记队伍和工作者队伍职业化、减负增能、经费保障等机制落实，解决社区工作后顾之忧。"领雁培育"优质化，选优配强社区党组织书记，选聘 10 名"治社导师"开展传帮带，每月开展"智荟社"社区书记论坛，提升履职能力。打通上升通道，社区工作者担任"两代表一委员"20 人，表现优秀连续任职满 2 届的进入事业编制，定向招录公务员 3 人，特别优秀的选拔到街道领导岗位。队伍建设职业化。将社区工作者队伍纳入干部人才队伍建设总规，按每个社区 6—12 人标准配备，户数超 2000 户的每增 300 户增配 1 人。推行"3 档 18 级"工资晋升机制，确保收入不低于上年度全社会单位就业人员工资的 1.5 倍，2018 年人均报酬 8.3 万元。基础保障常态化。党群服务中心建设经费以财政保障为主进行落实，服务群众专项经费、社区工作经费分别按照每年每个社区最低 20 万元、每千户 5 万元的标准进行保障，2018 年每个社区两项经费超过 50 万元，确保社区有钱办事、有人干事、有场所议事。

三、经验启示

义乌市通过标准化推进"五共"提升"五力"，探索实践出一条中小城市基层党建新路，实现了党的坚强领导，资源力量全面整合，党员群众广泛发动，党建作用有效发挥，推进了城市治理体系和治理能力现代化，增强了群众的获得感、幸福感、安全感。

城市基层党建力量"聚"起来，有效解决了"小马拉大车"的问题。街道体制改革后，机构设置从"向上对口"到"向下对口"转变，方便群众办事；街道大工委、社区大党委把各行业各领域的组织聚拢在一起，力量大大增强。

启示：推动城市基层党建，必须有整体的视野和系统的思维，街道社区党组织是联结辖区内各领域党组织的"轴心"，单位、行业党组织是有机组成部分，条条围着块块转，就能从相互分离走向相融共生，形成城市基层党建的整体效应。

城市基层党建活动"统"起来，有效解决了传统党建"你是你，我是我"的问题。街道社区党组织统领，辖区各方群策群力，共同参与，汇聚资源，创新载体，拓展内容，一改以往单位党建活动缺人气、缺活力、缺影响力的现象。

启示：增强社区党组织政治功能，关键是把党员群众和辖区单位组织好，经常性开展有思想、有温度、有色彩的活动，把党员组织起来，把人才凝聚起来，把组织活跃起来，不断增强党的政治领导力、思想引领力、群众组织力、社会号召力。

城市基层党建内容"实"起来，有效解决了党建工作"惠而无声""惠而无形"的问题。坚持问题和需求导向，做实服务群众"3张清单"，把群众的需求了解清楚，把各方的资源整合起来，把群众大大小小的事办好，80%的群众需求通过红色代办、志愿服务、微心愿认领等方式当即解决，让城市基层党建工作见实效。

启示：党建工作做得好不好，不要向"墙上"看，要向群众"脸上"看。从群众身边"关键小事"做起，调动社会组织和专业服务力量，更好地为群众提供精准化精细化服务，赢得群众对党的信任和拥护。

城市基层党建作用"好"起来，解决了组织认同感不强和党组织地位不突出的问题。坚持党建引领基层治理，党群力量同进网格、同解难题、同谋发展，小区停车难、精品街区改造等事关居民群众切身利益的问题，都由党组织牵头协商解决。

启示：党建引领基层治理创新是具体的而不是抽象的，把党的触角延伸到基层治理各个方面，把党组织和党员作用贯穿社会治理各个环节，党组织引领各类组织和广大群众共商共建共治共享，实现人民城市人民建、人民城市人民管。

城市基层党建保障"强"起来，解决了资金不充裕和队伍不稳定的问题。加大财政投入，加强阵地建设，使社区工作的人、财、物基本保障到位。强化正向激励，打通上升通道，让社区工作者真正成为受群众礼敬善待的新兴职业。

　　启示：社区工作是一项长久的事业，人、财、物的保障必须到位。特别是要有一支稳定的专业的队伍来承担社区繁杂任务，关心关爱社区工作者，用事业留人、用感情留人、用适当的待遇留人，让他们工作更有底气、更加舒心、更有作为。

案例五　以行业系统党建提升城市基层治理效能

　　江干区^①位于杭州主城区的东部，因东临钱塘江得名"江干"，素有"钱塘江畔金江干"美誉。2016 年 7 月，江干区建成全国首个城管驿站，在全国打响了城管驿站党建品牌，这一饱含温度的城市基层党建创新做法，先后得到人民日报、新华社、央视等百余家媒体报道，荣获浙江省 2018 年度基层党建创新案例，并在全国城市基层党建创新案例座谈会上被广泛讨论，全国 36 个地区在学习考察后进行了复制推广。

一、背景介绍

　　全国城市基层党建工作座谈会指出，垂直管理的行业系统，块上管不了、条上抓不透，导致条块之间缺乏协调性、协同性，有时甚至互相矛盾、互相掣肘。江干区在推进城市治理的过程中发现，只有把条线和专业力量下沉到块上，并通过有效的机制进行融合提升，才能在城市治理中形成系统性效应，其中一个非常有效的途径就是通过行业党建引领区域管理能力的整体提升。2016 年以来，杭州市江干区乘着全市大力推进行业系统党建的契机，以覆盖环卫、市政、停车、绿化、河道、执法六大行业，6000 余名一线党员和职工的城管系统党建为试点，坚

持从条入手、向块融合、由点及面，在全区建成了 45 个集用餐、休息、学习、交流、应急于一体的城管驿站党建综合体，实现条上资源在驿站融合、条块力量在驿站凝聚、城市治理在驿站做强，成功保障了 G20 杭州峰会的顺利召开，党建引领治理的工作绩效印在了每一个城管人的心里、每一个江干人的脸上。

二、具体做法

支部建在"站"上，让城管行业党建更有效度。江干区拥有一线城管工作者 6000 余名，其中党员 1800 余名。江干区委统筹各方资源，全面推进城管驿站建设，建好党组织阵地，更好发挥党支部战斗堡垒作用。一是"阵地前移"到一线。改变传统按照环卫、执法、绿化、市政、河道、停车 6 个条线设置党组织的模式，实行"支部建在驿站上"，将城管各条线的一线党员按照工作责任区重新编入驿站党支部。专门制订《党支部工作清单》，明确主题党日、"两学一做"学习教育、"三会一课"等 10 项基本制度，有效保证驿站党支部建设规范化制度化。2018 年，62 个党支部、近 2000 名党员在城管驿站参加了形式多样的组织生活，共举办活动近 300 场。二是"各方联动"建驿站。坚持党建引领、政府引导、企业参与、社会协同，按照整合原有管理用房、街道社区配套用房和鼓励企业自行租赁 3 种模式，2 年内建成城管驿站 45 座，基本实现全区 8 个街道、41 条主要道路全覆盖，实现了"花小钱、办大事、快办事"的效果。三是"握指成拳"守一片。依托驿站党支部，全面开展"1+1+N"组织联建，即每个城管驿站都由 1 个机关党支部下沉指导，1 个辖区执法中队、市政所党支部认领管理，并联动 N 个社区、社会组织、属地单位党组织开展共建共享。近年来，通过强化党建共建，找准了协同服务的"最大公约数"，将几条战线变为同一阵线，真正把一片区域守好看牢。

服务暖在"心"上，让基层党建工作更有温度。城管驿站提供用餐、休息、阅读、学习等基础服务功能，让城管一线工作者在城管驿站"安身、安业、安心"，近年来江干区委城管职工流动率大幅下降。一是"歇一歇脚"让一线职工"安身"。针对一线职工室外作业时间长、工作强度大的实际情况，城管驿站坚持每天早上7：00至下午6：30开放，并配备空调、微波炉、茶水桶、防暑药品等，有效解决了一线职工就餐难、喝水难、休息难的问题。二是"上一门课"让党员骨干"安业"。驿站支部开展党建知识、专业技能大比武，为行业系统培育更多"跟党走、懂城市、会管理"的专业人才。2017年以来，通过教育培训帮助数千名相关从业人员完成各条线通关测试。通过驿站支部的工作，使更多党员成为业务骨干，更多业务骨干加入了党组织，2018年就有7名业务骨干被吸收入党。三是"点一盏灯"让广大职工"安心"。在每个驿站开展"点亮微心愿"活动，驿站党支部定期组织机关、社区、同心圆单位党员认领。针对寒暑假期间解决子女托管问题的"微心愿"，驿站党支部每年定期开展"小候鸟"托管活动，方便一线职工子女寒暑假与父母在杭州团聚，目前已惠及45个一线职工家庭。

力量聚在"点"上，让城管工作更有力度。江干区委坚持把驿站作为行业系统党建融入区域党建的重要枢纽，不断充实服务内涵、创新服务载体，把城管驿站打造为一个集职工服务、志愿服务、专业服务为一体的坚强阵地。一是疏通社区治理的"堵点"。发挥城管驿站支部在一线、为一线的优势，把城市管理延伸到每条马路、进每个小区，打通城市管理的"最后一纳米"。驿站党支部固定在每月15日召开协商会，邀请社区代表、物业代表等会聚驿站，听意见、找症结、想办法。2017年以来共收集问题400余个，解决率达97.7%。二是当好共建单位的"支点"。把全区与城管工作联系紧密的69家单位，纳入城管驿站"同心圆"单位，引导它们主动依托驿站发挥职能作用、开展精准服务。交通执法部门联合通盛路点驿站党支部建立"单车治理微信群"，将共享单车投放企业和社区工作者都拉进群，并明确单车投放、道路停放的操作规范和责任分工，一举解决了共享单车乱停乱放这一市容管理的"老大难"问题。江干区律师行业协会党委组织律师进驿站开展法律咨询21场、服务居民群众315人次。三是守护应急保障的"关键节点"。把城管驿站作为应急保障工作一线的前哨指挥所和后勤保障库，为打赢应急攻坚硬仗提供了有力支撑。2018年初杭州特大暴雪期间，江干区城管驿站24小时向一线职工和市民群众开放，4天服务近4000人次。G20杭州峰会期间，核心保障区的4个驿站实行24小时开放，城管保障工作突击队遇事在驿站会商、轮班回驿站休息，圆满完成72小时不间断作业保障任务。

三、主要成效

一是原来组织不了的，现在组织起来了，驿站党建成就了担当的行业队伍。党建就是研究人、研究党员，人在哪里、党员在哪里，党建工作重点就在哪里。江干区以行业系统党建为突破点，成立驿站党委，以协会党组织为支撑，将"两新"组织统一起来，出台"三必须"准入机制，实现市场化作业单位党组织全覆盖，以驿站支部为堡垒，为一线工人提供一个家一般温暖的歇脚地，让一线职工的个人自尊心与职业认同感、归属感、自豪感得到进一步增强，由内而外凝聚了全系统的力量，由上而下打造了一支铁一般的队伍，为江干城市管理工作提供了不竭的动力。

二是原来整合不了的，现在整合起来了，驿站党建融通了条块的治理资源。驿站党建综合体通过创新组织设置和活动方式，融合了机关党建、"两新"党建和区域党建，强化了"横纵关联"，既服务了驿站周边1公里范围内的交警、运管等行业部门力量，又联动了街道社区等块上力量，更通过党建共建凝聚了69家企事业单位、社会组织等力量参与，累计贡献的物资总额达80万元，真正盘活了闲置资源、挖掘了潜在资源、集中了分散资源，参与驿站固定志愿服务的服务者已达1000人。

三是原来做不了的，现在却做优了，驿站党建提升了一线的治理能力。队伍战斗力、资源统合力的提升，关键要聚焦到城市治理能力提升，江干区通过党建共建联席会，共同商讨、协力解决热难点问题，2017—2018年，通过联席会议收集热难点问题128个，解决率达到98%。通过让社会各界走进驿站了解、参与、支持杭州城市管理工作，城市管理成了"全民共理"，形成了共建共享的强大合力，江干城管的人民满意度排名连续3年进位提升，城管综合考核成绩从2015年的倒数第一，到连续3年蝉联全市第一。

四、工作启示

一是行业党建一抓到底在破解条块融合难题上提供有效路径。江干区以城管驿站党建为抓手，推动行业系统党建一抓到底，既理顺了组织管理体系，又联动了属地社区和辖区内的"同心圆"党建共建单位，实现了条块资源在城管驿站的互联互动，用小驿站汇聚了城市基层党建大合力。

二是行业党建往群众脸上看才能凝聚最大合力干出党建味道。党建工作有温度，职工队伍才有归属感。每当一线城管人拖着疲惫的身体来到驿站时，门口"欢迎回家"4个大字总能让人心里涌上一股暖流。驿站不仅是党建之家、职工之家，更是一线城管人的心灵港湾。它给城管人带来的幸福感也传播和发散到整个城市。党建工作只有见物见事又见人，引领治理的效果才能真正呈现。

三是行业党建推点及面才能形成规模效应引领社会正能量。

江干城管驿站自 2016 年建成以来，精耕细作，实现了从 0 到 45 的跨越，越来越多驿站党建传递出的先锋正能量；影响了一大批企业、一大批志愿者主动参与服务，党建引领正能量的传播形成了系统效应，受益的是一线职工，受益的是"新城市人"，受益的是全体市民群众。

五、探讨与评论

目前，我们的城市社会结构、生产方式和组织形态发生了深刻变化，由此带来的城市基层党建工作的基础、环境、对象也发生深刻变化。"旧船票登不上新客轮"，加强基层党组织建设，必须与时俱进。江干区通过 3 种不同的方式，问题导向创新城管驿站党建，让广大城市管理工作者有了自己的家，不仅凝聚了人心，更提升了基层治理能力。这也启示我们，城市基层党建不能墨守成规，必须因势而变，贴合实际。当前的城管驿站在功能上已突破了城管行业系统本身，是城市管理向城市治理转变的重要平台载体，下一步要聚焦成为城市的一个标识、一种文化功能定位，继续推深做实，让驿站成为名副其实的城市基层党建饱含温度的基层党建体验点。

案例六　以"8分钟党员活动圈"构建 基层党建互联互动大平台

一、背景起因

近年来，新技术、新产业、新业态、新模式"四新"经济蓬勃发展，深刻改变了传统城市经济社会结构，也改变了党员的活动方式、思维方式和价值取向。可以说，党员跨区域、跨领域的流动将是常态，而且会越来越频繁，党员的身份也更加多重性、多样化，对组织生活的需求日趋多元、个性，传统的基于"组织关系隶属"的管理党员、组织活动的模式已很难适应，需要做出与时俱进的改变和调整，以激发组织活力。有活力就得有活动，有活动就得有阵地。强化基层阵地建设，是认真落实全国组织工作会议要求，加强党的组织体系建设，提高党的建设质量的必然要求和重要举措。抓好基层阵地建设，不仅有利于更好地开展党组织活动，增强党的凝聚力，也有利于增强党员对党组织的认同感、归属感和荣誉感。

党的十八大以来，浙江省湖州市突出强化阵地政治功能，以提升基层党组织组织力为重点，在全国率先出台《党群服务中心设置和运行规范》地方标准，全域推进开放式、集约化、共享性的党群服务中心建设，全力打造"8分钟党员活动圈"。532个有温度、有色彩、有情怀的基层党建红色阵地全面覆盖城市街道社区、商圈楼宇、历史街区、特色小镇等各个领域、各种业态，为活跃在城市各个角落的党员就近就便提供党性锤炼、学习教育、文体娱乐、问题咨询等服务，为其他各级各类党组织提供办公议事、党员活动、教育培训、宣传展示等开放式服务，真正把基层党建阵地打造成为彰显红色气质、凝聚信仰力量、引领干事创业的"红色殿堂"。

二、主要做法

注重共建共享，一体规划建到底。牢固树立全市"一盘棋"理念，建立以阵地共建、资源联享为基础的"资源共享圈"，统筹规划全市城市基层组织阵地建设。一是依人气而建。城市是人类文明的标志，是各类要素和人类社会活动最集中的地方。契合城市能级提升、新兴领域活跃、特色产业集聚、信息技术勃发等特点，按照"党员活跃在哪里、阵地建设就推进到哪里"要求和活动区域不超过 8 分钟路程的原则，改变以往"一个萝卜一个坑"零散布局，把基层党建阵地建到城市最前沿、党员最中间。在人流密集、游客集散的爱山商圈、月亮广场等核心地段，高标准、高起点建成一批标杆式城市党建综合体，辐射带动区域内党组织和党员主动融入其中、参与其中。二是依资源而建。充分整合场所、队伍、人员等功能，深入挖掘区域内红色文化资源，把红色传统、红色记忆、红色基因内在地融入党群服务中心等党建阵地建设中，讲好新时代红色故事。德清县在原有的党群服务中心内规划建设党史馆、十九大精神学习馆、红色记忆馆等 10 个红色开放式教育基地，让党员在家门口就能够进行红色革命教育，接受革命精神洗礼。三是依供需而建。社区党建阵地建在城市基层、建在居民身边、建在百姓中间，直接关乎党员群众日常。全面排摸街道社区党群服务中心建管用情况，对 24 个面积相对不足、设施相对陈旧、功能不够完善、难以满足需求的党群服务中心，逐一落实改造提升计划。

特别是针对一些社区活动场所零散、位置僻远、面积狭小等问题，及时梳理排摸，协调有关单位部门、国有企业及开发商，采取回收、置换、转租等方式，统筹解决办公用房问题 6 处、面积 3500 多平方米。

注重示范规范，一套标准管到底。制订出台《党群服务中心设置和运行规范》，细化 4 大类 12 项具体要求，以标准化引领推动阵地建设规范化。一是更加凸显政治功能。坚持"党味"浓厚、富有时代感，全方位强化基层阵地政治属性。全市所有党群服务中心全面推行"一徽一旗一栏一墙"，即在醒目位置悬挂党徽标志、在党员活动室悬挂墙面党旗、在开放区域设置党务公开栏、在公共场所设置党建文化墙廊，建立入党誓词教育流程，推广建设党员宣誓厅、宣誓墙，推行党员政治生日、党员定期向党徽党旗行注目礼宣誓等制度，激励党员不忘初心。绘制"湖州市 8 分钟党员活动圈"地图，155 个示范型开放式党员活动基地全面提供"一站式、点单式"活动方案，为各级党组织提供专业化的自主"点单"服务。长兴县在支部主题党日示范基地推出以"课堂教学＋现场教学＋实践体验"为教学形式，以"敬献一次花圈花篮、重温一次入党誓词、参观一次红色展览、聆听一堂红色党课、烧一餐红色灶头饭、学唱一首红色歌曲、体验一次红色之旅、拍一张支部全家福"等为内容的开放式主题党日活动。二是更加注重功能整合。既注重统一规范，设置学习教育、公共服务、会商议事、文体活动、党建展示等"五区"场所，全面推行有开放式服务大厅、有党员活动室、有信息公开查询渠道、有互联网平台、有规章制度、有党建标语"六有"标准；又注重分类指导，在商圈、学校、医院、国有企业等领域，结合实际设立城市书吧、红色车间等党建阵地，全面建立党员志愿服务分站、电商共享站等场所，统筹提供志愿者招募注册、创业帮扶等服务。安吉县在旅游景区、商贸街区、集镇中心等重要节点的党群服务中心，建立了 18 个"爱游"党员志愿服务驿站，为外来游客和周边群众提供信息咨询、交通疏导、医疗救助、纠纷调解等服务。三是更加体现需求导向。坚持"党员群众需要什么，服务中心就提供什么"原则，深入推进服务供给侧改革，建立需求清单、资源清单、项目清单"3张清单"，全面提供组织关系转接一次性办结、场地使用预约、活动组织策划、党建联盟等服务。同时，在城市街道社区党群服务中心、党建综合体等阵地，通过免费提供场地、政府适当补助等形式，吸引志愿服务组织、社会组织等入驻，为党员群众提供更加精准更加专业的精细服务。吴兴区爱山街道安定书院社区党总支联合蚂蚁公益共建城市共享书吧，拥有图书3000多册，为群众搭建一个免费、便捷、有效的平台。

注重融合融入，一站活动办到底。注重资源下沉、力量下沉、服务下沉，把党群活动融入日常中、文化中，建立以文化共育、活动联办为纽带的"服务活动圈"，真正让党群服务中心人气旺起来、人心聚拢起来。一是把资源统起来。围绕"减少行政办公面积，增大为民服务空间"目标，全市所有党群服务中心全面推行集中办公制度，腾出的3900多间办公室调整用于党性"体检"、文体活动、志愿服务等。建好用好2500多个"局长驻点工作室""群众说事室""两代表一委员工作室"和"两新"组织"红领学院"，拓宽民情民意反映渠道。南浔区南浔镇城南社区把腾出的办公室改造成"初心检阅室"，前置入党培养考察环节，以一人一册、入党积分形式，从源头上把好质量关。二是让服务快起来。健全便民服务清单，按照"能进则进"原则，将涉及公安、民政、计生、人社、住建、农业等100余项服务事项下放到党群服务中心，并全面推行坐班工作纪实、服务承诺公示、群众满意评测等机制。依托"基层治理四平台"建设，探索实行"网上服务"，一般性事务实行网上咨询、网上申请、网上办理，真正实现"数据多跑路、群众少跑路"。三是用活动热起来。大力整合文化、体育、科技、卫计、群团等部门资源，超过半数的党群服务中心配套了文化礼堂、农民影院、居家养老、社区医疗等服务场所，每年开展全民阅读、科技下乡、义诊会诊等社会公益服务和群众文体活动 7000 多场次，参加党员群众达 30 多万人次。依托党员身份证系统、远教站点（广场）、"新锋潮"智慧党建 App、VR/AR 新媒体技术等，全面实行党员轮训培训、流动党员定期返乡报到等制度。坐落于电商园区的长兴县党群服务中心，建立覆盖全县的智慧党建信息平台，对全县所有党组织党建活动进行实时监测、动态分析。

三、初步成效

通过打造"8 分钟党员活动圈"，在加强城市党员教育管理、促进城市基层党组织互联互动、引领城市基层社会治理等方面发挥积极作用，有效激发城市基层党建工作内在活力。

扩大了党在城市基层的影响力和覆盖面。通过打造"8 分钟党员活动圈"，把党的旗帜插遍城市的每个角落，使城市基层有了政治核心引领，党员有了"红色家园"温暖，有效破解了部分城市基层党组织起步晚、规模小、阵地少、基本设施简陋、党员教育管理弱化等一系列问题，实现了建立一个、巩固一个、提升一个、活跃一个的目标要求。

增进了城市基层党组织互联互动、互利共赢。城市在开放中发展，基层党建在开放中加强，党建阵地也必须在开放中巩固。以打造"8 分钟党员活动圈"为总抓手，依托 155 个开放式党员活动基地这一实体化阵地，全面落实轮流组织、定期开放和预约开放制度，因地、因时开展"点单式"服务，推动了区域内党组织在开放中实现组织共建、活动共联、资源共享。

创新了党员特别是流动党员的教育管理。在打造"8 分钟党员活动圈"过程中，充分发挥互联网信息技术手段作用，有效整合区域内各个基层党组织的有形资源，全面推行主题党日刷卡报到、流动党员积分管理等办法，有效破解部分城市基层党组织活动不频繁、教育培训内容吸引力不强等问题，提高了党员教育管理工作的针对性和实效性，增强了党组织的吸引力和归属感，也有效引领带动"新城市人"群体、新社会阶层积极参与到城市管理和建设中。

推动了党员更好发挥先锋模范作用。在"8分钟党员活动圈"中，全面建立党员志愿服务驿站、"最美先锋"之家、红领学院、金领驿站等，以业缘、志缘、趣缘为联结，深化"新锋潮"党员志愿服务，坚持开展在职党员进社区、"点亮微心愿"等活动，有效引领推动党员因"圈"而聚、以"圈"为家、绕"圈"而动、为"圈"发光发热。

四、思考启示

红色是最亮的底色，党建阵地建设必须坚持政治引领。党组织的阵地在政治属性上一定要姓"党"，要能充分发挥政治引领作用，凝聚和弘扬正能量，让党的旗帜在阵地飘起来，党的声音在阵地响到底。实践证明，必须突出强化党建阵地的政治属性，传承红色基因，彰显红色气质；必须突出强化政治功能，建好用好党员宣誓厅、宣誓墙等，严格落实"三会一课"、支部主题党日等基本制度，经常性开展集中宣誓、党性教育、党员轮训等党内活动。

合力是最强的动力，党建阵地建设必须坚持开放融合。开放融合，是城市的精神实质，也是城市基层党建阵地建设的价值追求。党建阵地作为有形载体，是推动人才融合、资源融合、机制融合的桥梁和平台。实践证明，我们必须以更加开放的视野、开放的思维、开放的胸怀推进城市基层党建阵地建设，把党的工作做进去、把资源要素带出来；必须以阵地建设为牵引，建立健全需求清单、资源清单、项目清单，全面推行开放式、点单式服务，增进互联互动。

制度是最大的保障，党建阵地建设必须坚持规范有序。制度标准立起来，抓工作才能做到学有标杆、行有示范。加强基层阵地建设，同样离不开制度保障。实践证明，我们必须大力提升基层党建阵地建设标准化规范化水平，以满足党员群众的实际需求为出发点和落脚点，坚持宜统则统、集约集成，按照学习教育、公共服务、会商议事、文体活动等功能类别进行统筹，避免重复设置、资源闲置；必须发挥好考核"指挥棒"，全面推行基层党建阵地星级量化考评，强化考核结果运用，推动各项要求落实到位。

用活是最优的标尺，党建阵地建设必须坚持凝心聚力。活动阵地不仅在于建好，更在于用"活"。有了阵地也不是万能的，只有管理好和使用好阵地，才能使其真正发挥应有的作用。实践证明，我们必须充分发挥服务功能，充分利用党组织发达的组织系统，整合服务资源，构建服务网络，创新服务基层、服务发展的方式；必须深化党员志愿服务，规范开展志愿者招募、专业团队组建等，定期开展敬老助学、结对帮扶、会诊义诊、法律援助、心理咨询等志愿公益服务，送去关怀关爱。

案例七 "小岛迁，大岛建"背景下
海岛城市基层党建模式探索

一、背景与起因

　　舟山市普陀区现有城市社区 30 个，其中六横镇 5 个、沈家门街道 18 个、东港街道 7 个；共有住宅小区 182 个，其中 92 个小区已进驻物业公司，成立业委会 94 个。30 个城市社区共下辖党支部 135 个，党员 3320 名，这些党员中很大一部分都是由小岛搬迁至城市的，另有组织关系在小岛，但居住地在沈家门、东港城市片区的离岛区内党员 535 名。

　　随着城市化进程的不断推进，大量悬水小岛居民的迁入，住宅小区成为党组织服务人民的前沿阵地。然而小岛居民还无法迅速融入新的城市生活，拖欠物业费、破坏小区环境、不配合小区物业管理的事件时有发生，导致业主与物业公司间关系紧张，业委会无法发挥作用。大量离岛党员的居住地与组织关系相分离，党员参与所在小岛支部组织生活不便利，在城市片区又找不到党组织，离岛党员的教育管理出现盲区。为解决这些难题，普陀区坚持以党建为引领，以提高城市治理能力、巩固党在城市的执政基础为目标，主动应对城市化发展新形势，以小区党建延伸城市基层治理"神经末梢"，以异地教育管理模式提高离岛党员教育频率，在构建城市基层党建海岛新模式方面做出了积极探索。

二、做法与经过

以建强组织为根本，提升城市基层党组织的组织力。普陀坚持加强政治引领，提升组织覆盖，以强有力的组织保障帮助化解离岛党员管理难题。

一是强化组织建设，串起"红色珍珠"。为破解离岛党员组织生活规范化难的问题，普陀区的做法：一是鼓励海岛党支部在城市设立临时党小组。如蚂蚁岛管委会党工委通过联系教场社区，在沈家门街道设立临时党小组，将学习教育送到城市，解决离岛党员不便回岛参加组织生活的难题。二是在条件成熟的小区单独或联合成立"兼合式"党组织。如海洲一品小区成立了舟山市首个"兼合式"党支部，把离岛党员和直管党员统一纳入小区党组织的管理，使"散落"的"红色珍珠"也能在小区党组织的引领下璀璨发光。三是探索建立社区大党委工作模式。普陀区 2015 年 8 月成立普陀物业小区联合会党委，积极吸纳离岛党员力量，如海林名桂苑小区推行"双向进入、交叉任职"模式，由街道社区党组织推荐符合条件的优秀离岛党员，通过法定程序进入业主委员会，带动小区群众积极参与小区自治。

二是创新学习模式，建强"红色阵地"。针对离岛党员党组织关系与居住地分离的情况，普陀区探索异地学习教育模式，由海岛党支部在沈家门和东港城市片区为离岛党员搭建了固定的学习平台，组织离岛党员集中学习、自我学习，规范开展"三会一课"、主题党日、党组织生活，强化离岛党员党性修养。创建党员学习微信群，以线上线下联动模式提高离岛党员教育频率。如：沙岛管委会采用"两地一制"模式，在东港设立白沙岛东港党群服务中心，为离岛党员提供固定学习场所；蚂蚁岛蚂蚁社区党总支通过与沈家门街道墩头社区党总支结对，让搬迁到城市生活的蚂蚁岛社区党总支党员参与沈家门街道墩头社区党总支组织生活与党员民主评议，由蚂蚁社区党总支延伸考核，充分解决离岛党员参与组织生活不便的问题。

三是严明组织纪律，筑牢"红色底线"。对于迁入城市小区后，带头破坏小区秩序，或拒不参加居住地和组织关系所在地组织生活的不合格离岛党员和警示离岛党员，普陀区在各镇、街道、管委会党（工）委层面探索成立党性教育强化班。不合格离岛党员、警示离岛党员由各基层党组织申报，各镇、街道、管委会党（工）委审核批准后，纳入党性教育强化班进行教育管理，通过建立档案、帮教结对、组织约谈、教育整改等举措对其进行帮教，增强其党性意识、提升其党性修养，力争让其有效整改、及时转化。党性教育强化班学习教育实行周期制，一个周期一般不少于3个月，连续3个周期未完成任务的，由强化班将情况通报给党员组织关系所在党支部，并按《关于做好不合格党员处置工作的通知》（舟普组〔2015〕64号）进行劝退或除名。随后全区完成整改警示离岛党员、不合格离岛党员8名，有14名离岛党员因党性缺失而被除名。

以党员作用发挥为核心，延伸红色服务覆盖面。面对日渐复杂的城市基础环境，普陀区以离岛党员的先锋模范作用带动离岛群众更好地融入城市生活。

一是下好网格治理"一盘棋"，树立民主科学决策"风向标"。普陀区创造性地提出了构建"党建引领、多方联动、高效治理、综合服务"的基于网格化的社会治理创新体系。一是着力构建"一中心、四平台、大网格"的基层治理组织网络，将优秀的离岛党员整合到专职网格员队伍中，推动离岛党员担任网格长兼网格党小组长，使离岛党员成为引领基层治理创新的中坚力量。二是实行"三会一课"网格议事制度。通过"三会一课"网格议事制度，来加强离岛群众民情收集和离岛党员的日常管理，将海岛居民融入城市小区的重点难点问题在党支部引领下化解在萌芽状态。三是鼓励离岛党员和群众担任网格志愿者，每周五陪同社区"第一书记"走访海岛居民聚居区，参加海岛群众民情分析会，接待走访海岛群众、协调化解矛盾纠纷。

二是亮出党员身份"一张牌"，增强党员践诺履职担责"透明度"。普陀通过"佩戴党徽、摆放标牌、竖牌明责、创建先锋、挂牌联户"，让离岛党员在城市也把党员身份亮出来。一是亮出身份，深化离岛党员到社区"双报到"机制，鼓励引导离岛党员主动在小区（楼道）亮身份，参与小区组织的各种志愿服务活动，参与文明城市创建。二是亮出制度，规范离岛党员言行。普陀以"文明普陀、先锋领航"行动为指引，在党员居住小区亮出党员公约，亮出党员言行标尺。三是亮出岗位，履行离岛党员承诺。普陀区在全区开展党员岗位承诺活动，要求机关、社区（村）办事窗口党员佩戴党徽上岗工作，并结合岗位工作实际，以简洁、务实的话语亮明承诺事项，发挥"一个党员就是一面旗帜"作用，推动广大离岛党员讲党性、重品行。

三是激活群众自治"一池水"，架起党员联系服务群众"连心桥"。普陀区鼓励离岛党员加入自治组织，在群众自治中发挥带头作用，同时注重挖掘自治组织优秀骨干，夯实"推优入党"基础。一是突破离岛党员组织关系与活动领域的限制。凡是群众自治项目，不论什么单位、职业、职务，只要是居住地的党员都可以参加。二是构建三级协商议事体系。普陀区经过多年实践，逐步形成以街道为主导、社区为核心、各自治组织广泛参与的基层民主协商议事格局。各自治组织通过民主协商议事表达愿望和诉求，有助于街道、社区第一时间掌握群众思想动态和矛盾纠纷苗头，及时将问题解决在萌芽状态。三是在党建项目引领下，打造"渔港先锋"党员志愿服务品牌，培育出一批有知名度的离岛党员志愿服务团队，如沈家门街道大干社区新居民党员灭蜂队、成功之路党员应急抢险小分队、东港街道灵秀社区六色服务岗等。

以创新机制为重点，探索党建引领基层治理新路径。普陀区积极探索党建引领基层治理新路径，通过机制创新使离岛党员成为城市基层治理生力军。

一是加强管理，构建党员积分量化管理体系。为切实提升离岛党员教育管理科学化水平，普陀区结合实际，积极构建党员先进性积分量化管理体系，将组织关系在本区内的所有离岛党员（含预备党员）纳入管理。管理体系由"积分申报→积分登记→积分计算→积分公示→积分管理"5个部分组成，每年的1月至12月为一个积分周期，考核内容主要包括基本项、加分项、扣分项，3项分值相加为考评积分，考评分数结果作为年度表现的主要依据，运用到党员先锋指数考评管理、党员"星级管理"等工作中。在考核评议中获评优秀党员、先锋党员的，由基层党组织对其进行表彰和奖励，同时作为高素质党员干部人才纳入村社后备干部队伍；对被评为警示党员，且经党性教育仍未整改的，由基层党组织召开全体党员大会做出劝退或除名处理。

二是注重关怀，建立党员激励帮扶长效机制。普陀区坚持普遍关爱与重点帮扶相结合、物质帮助与精神关爱相结合、保障权利与明确义务相结合原则，积极关爱帮助离岛党员。一是建立健全城市离岛老年党员定额生活补助机制。以保障离岛老党员在城市基本生活为宗旨，建立离岛老年党员定额补助机制，对于政治立场坚定，坚决拥护党的领导，能积极发挥党员作用的离岛党员进行相关补助。二是建立健全定期慰问帮扶制度。在每年"七一"和元旦、春节由所在社区党组织对长期患病、生活困难、年老体弱的优秀离岛党员进行慰问。党员本人或家庭成员遭遇重大突发情况时，党组织在第一时间上门慰问，针对实际困难进行救助。三是建立健全完善党内关怀机制。积极依托党群服务中心、志愿服务站等阵地，为党员提供政策咨询、法律援助、权益保障等服务，营造"组织关爱党员、党员服务群众、群众信任组织"的浓烈氛围。

　　三是深化联系，形成党员服务群众闭环系统。普陀区把联系服务群众情况与党员积分量化和星级评定相挂钩，推动离岛党员真正在城市基层治理中发挥先锋模范作用。一是引导离岛党员吸纳辖区内来自海岛的有代表性的群众共同成立志愿服务队，搭建离岛党员作用发挥平台，深入群众开展组团式服务，听民声、解民忧，使其成为离岛党员回馈社会的主要阵地。二是开展离岛党员联系离岛群众工作。要求党小组对接到户，每个离岛党小组联系 18—20 户居民；党员对接到人，每名离岛党员联系 5—8 名群众。困难群众重点联系、离岛群众定点联系、普通群众广泛联系，通过开展结对帮扶、定期走访、志愿服务等活动，更好地为群众服务。三是切实发挥"三会一课"网格议事作用。将离岛党员及时反馈走访了解的情况、群众的诉求，在专职网格员、网格服务团队、社区、联社驻村团队、街道、区级及以上职能部门等 6 个层级处置、流转，为网格员提供坚强的工作支撑，延伸网格工作的触角，形成源头发现、采集建档、分流交办、执行处置、检查督促、结果反馈的闭环式工作机制。

三、成效与反响

　　离岛党员管理更加到位，党员荣誉感逐步提升。通过实现异地学习制度、在职党员进小区、党员亮身份等方式，使离岛党员的教育管理不再存在"盲区"，也帮助离岛党员找回了对党组织的归属感，使其在小区自治中发挥先锋模范作用，提升党员的荣誉感。

　　城市小区自治更有方向，居民认可度不断提升。小区治理在小区党组织领导下，使从小岛迁入的新居民能更快融入城市小区生活，一些矛盾纠纷等问题能够更快捷、更简便地解决，切实满足了居民的需要。党建工作向小区延伸，也有效增强了党对小区事务的渗透力、影响力、号召力，真正彰显党建工作在城市基层治理中的核心作用。

小区党员骨干更能作为，群众幸福感大大提升。从离岛党员群体中涌现了一大批具备一定组织能力、富有奉献精神、热心为群众服务的党员骨干，在城市基层治理中充分发挥了党员先锋模范作用，这些党员的示范带动助推了小区群众自治，大大改善了小区环境，促进了小区和谐稳定，为幸福普陀建设提供坚实的基础保障。

四、经验与启示

加强城市基层党建，必须充分发挥街道社区党组织的领导核心作用。党的基层组织是确保党的路线方针政策和决策部署贯彻落实的基础，是联结辖区内各类组织的"轴心"和"主心骨"。要更加突出政治功能，加强党组织对各领域社会基层组织的政治领导，引领各类组织坚持党的领导，真正把党组织意图变成各类组织参与基层治理的有效举措。要引导街道社区党组织聚焦党的建设这个主责主业，推动街道赋权、社区减负，加强人财物等基层基础保障，确保基层党组织始终成为领导基层治理的坚强战斗堡垒。

加强城市基层党建，必须充分发挥广大党员的主体作用。党员是党的机体的细胞和党的活动的主体。党领导城市基层治理，关键是要激发广大党员参与治理的积极性、主动性。一方面，要坚持从严管理，严格党的组织生活，积极探索对流动党员、非公和社会组织党员、离退休党员的教育管理新方式，增强党员教育管理的针对性、有效性。另一方面，要积极为党员发挥作用搭建平台，通过推行"党员亮牌、戴徽、承诺"行动，开展党员先锋行、在职党员到社区报到、结对帮扶、联系服务群众等活动，督促党员自觉履行责任义务，在城市治理中带头示范、发光发热。

　　加强城市基层党建，必须积极探索党建引领治理的实践路径。城市基层治理是国家治理体系的重要组成部分，理所当然要加强党的领导，要以党的建设贯穿、保障和引领基层治理。党建引领基层治理是具体的而不是抽象的，必须要在探索实践工作路径上下功夫。要坚持政治引领、组织引领、能力引领、机制引领，善于整合多方力量，引领辖区单位、群众自治组织和各类社会组织突破条块分割，畅通党建引领下多元参与、共建共享的渠道，真正把党员组织起来、群众动员起来、社会激活起来，最大限度地促进资源优化整合，形成党建引领、协同共治的城市治理新格局。

参考文献

经典文献

［1］列宁. 列宁全集：第4卷［M］. 北京：人民出版社，1984.

［2］邓小平. 邓小平文选：第三卷［M］. 北京：人民出版社，1993.

［3］中共中央文献研究室. 十八大以来重要文献选编：中册［M］. 北京：中央文献出版社，2014.

［4］中共中央宣传部. 习近平总书记系列重要讲话读本［M］. 北京：学习出版社、人民出版社，2016.

［5］习近平. 习近平谈治国理政（第三卷）［M］. 北京：外文出版社，2020.

国内外论著

［1］帕森斯. 经济与社会［M］. 刘进等译. 北京：华夏出版社，1989.

［2］哈耶克. 自由秩序原理［M］. 北京：生活·读书·新

知三联书店．1997．

［3］亚里士多德．尼各马可伦理学［M］．廖申白注译．北京：商务印书馆，2003．

［4］陆学艺．当代中国社会结构［M］．北京：社会科学文献出版社，2010．

［5］陈振明．公共服务导论［M］．北京：北京大学出版社，2011．

［6］张番红．转型期我国社会整合研究——基于马克思主义视角［M］．北京：中国社会科学出版社，2016．

［7］李威利．城市基层党建指导手册［M］．上海：格致出版社、上海人民出版社，2019．

［8］高德胜，钟飞燕，徐冬先．城市基层党建工作十讲［M］．北京：人民日报出版社，2020．

期刊文章

［1］陈伟东．城市社区民主制度的创新——武汉市江汉区满春街长堤社区居民代表评议社区工作者的调查与分析［J］．学习月刊，2001（9）：18-19．

［2］李友梅．全面建设小康社会与社区党建创新——以迈向现代化国际大都市的上海城市基层社区为例［J］．毛泽东邓小平理论研究，2003（1）：78-82．

［3］辛宏志．科学认识党的执政资源问题［J］．中共长春市委党校学报，2004（5）：36-39．

［4］贺雪峰．中国传统社会的内生村庄秩序［J］．文史哲，2006（4）：150-155．

［5］李汉林．转型社会中的整合与控制——关于中国单

位制度变迁的思考［J］.吉林大学社会科学学报，2007（4）：46-55.

［6］柴彦威，刘志林，沈洁.中国城市单位制度的变化及其影响［J］.干旱区地理，2008（2）：155-163.

［7］陶建群.传统党建运行机制如何应对挑战——关于连云港市"两新组织"党建工作的调查与思考［J］.人民论坛，2009（14）：56-58.

［8］崔玉开."枢纽型"社会组织：背景、概念与意义［J］.甘肃理论学刊，2010（5）：75-78.

［9］李慧凤，蔡旭昶."共同体"概念的演变、应用与公民社会［J］.学术月刊，2010，42（06）：19-25.

［10］李伟梁.社区资源整合略论［J］.重庆邮电大学学报（社会科学版），2010，22（4）：123-128.

［11］万雪芬.推进党内基层民主的重要探索——对杭州市社区党组织换届"公推直选"的调研［J］.领导科学，2010（21）：42-44.

［12］翁士洪.整体性治理模式的兴起——整体性治理在英国政府治理中的理论与实践［J］.上海行政学院学报，2010，11（2）：51-58.

［13］崔月琴，袁泉.社会管理的组织化路径——社区民间组织的"均衡化"发展［J］.社会科学战线，2011（10）：178-185.

［14］汪文来.新社会组织对党建工作的影响及对策［J］.重庆行政（公共论坛），2011，15（6）：91-93.

［15］严宏.中国共产党基层党建模式：转型与重构［J］.河南师范大学学报（哲学社会科学版），2011,38（1）：72-75.

［16］王星.利益分化与居民参与——转型期中国城市基层社会管理的困境及其理论转向［J］.社会学研究，2012，27（2）：20-34.

［17］谷鎏，李中仁.区域化党建的格局、机制与功能研究——以上海市徐汇区虹梅社区为例［J］.上海党史与党建，2012（11）：50-52.

［18］梁妍慧.从"行政化"到"社会化"——创新城市社区党建领导方式［J］.理论视野，2012（11）：50-53.

［19］王瑞华.以党内民主促进社区自治的有效探索——关于新华社区（街道）党员议事会发展的理性思考［J］.上海党史与党建，2013（2）：46-47.

［20］程勉中.党的常态化社会服务平台的建构——基于党员服务中心的路向探讨［J］.中共珠海市委党校珠海市行政学院学报，2013，62（4）：45-50.

［21］刘天宝，柴彦威.中国城市单位制研究进展［J］.地域研究与开发，2013，32（5）：13-21.

［22］牛月永.区域化党建：基层党建的重大课题［J］.新视野，2013（6）：80-82.

［23］张波.我国新社会组织党建工作若干问题研究——基于2000-2013年相关文献的分析［J］.长白学刊，2014（1）：45-50.

［24］程熙.嵌入式治理：社会网络中的执政党领导力及其实现［J］.中共浙江省委党校学报，2014（1）：50-56.

［25］戴维民，刘轶.我国网络舆情信息工作现状及对策思考［J］.图书情报工作，2014，58（1）：24-29.

［26］胡拥军.新型城镇化条件下政府与市场关系再解构：观照国际经验［J］.改革，2014（2）：120-130.

［27］翟道武.构建科学的党员管理机制［J］.中州学刊，2015（7）：23-26.

［28］陈天祥.摆脱管控型的城市社区治理模式［J］.国家治理2015，33（9）：29-34.

［29］田启战.社区基层党组织建设问题与对策探析——以

成都市高新西区某街道办为例［J］.信阳师范学院学报（哲学社会科学版），2016，36（02）：18-23.

［30］胡智超，彭建，杜悦悦等.基于供给侧结构性改革的空心村综合整治研究［J］.地理学报，2016,71（12）：2119-2128.

［31］秦永生.推行基层党员议事会制度的思考［J］.才智，2016（20）：266.

［32］王婷.始终坚持人民主体地位，方能不忘初心［J］.人民论坛，2016（25）：176-177.

［33］刁世存.坚持和完善民主生活会制度［J］.中国特色社会主义研究，2017（2）：106-111.

［34］陈鸿雁，白琳.当前我国网络舆情中的伦理失范研究［J］.天津中德应用技术大学学报，2017（5）：107-112.

［35］冯小敏.上海城市基层党建回眸与启示［J］.中国浦东干部学院学报，2017，11（5）：97-102.

［36］卢爱国，陈洪江."复合式党建"：城市基层党建区域化体制构建的目标选择［J］.探索，2017（6）：85-92.

［37］李磊.习近平的美好生活观论析［J］.社会主义研究，2018（1）：1-8.

［38］刘俊杰.城市社区协商民主的现实问题与推进路径——以无锡市城市社区议事会为例［J］.黑龙江社会科学，2018（4）：126-131.

［39］夏先良.新时代开放型社会治理体系的构建与完善［J］.人民论坛·学术前沿，2018（6）：26-44.

［40］武素云，胡立法.人民美好生活需要的三重追问［J］.思想理论教育导刊，2018（8）：8-12.

［41］张艳国，李非."党建＋"在城市社区治理中的独特功能和实现形式［J］.江汉论坛，2018（12）：125-130.

［42］李旭阁.构建区域化党建新格局［J］.人民论坛，2018（14）：96-97.

［43］斯钦.让提升组织力成为基层党建的"新引擎"［J］.人民论坛，2018（31）：104–105.

［44］蒋卓晔.党建引领中国社会治理的实践逻辑［J］.科学社会主义，2019（2）：74–78.

［45］梁宇.新时代中国特色社会治理内涵的四重向度［J］.东南学术，2019（2）：9–16.

［46］陆聂海.治理民主：内在机理、表现维度和实现基础［J］.海南大学学报（人文社会科学版），2019，37（2）：37–43.

［47］李景田.巩固党长期执政的组织基础——创新新时代城市基层党建工作［J］.党建文汇（上半月），2019（3）.

［48］郭岩.农村基层党组织政治领导力提升的逻辑进路［J］.中共杭州市委党校学报，2019（4）：32–40.

［49］田毅鹏，刘凤文竹.单位制形成早期国企的"技术动员"及评价［J］.江苏行政学院学报，2019（4）：45–55.

［50］叶继红，杨鹏程.利益分化、差异共融与城中村治理［J］.理论与改革，2019（4）：177–188.

［51］李威利.从基层重塑政党：改革开放以来城市基层党建形态的发展［J］.社会主义研究，2019（5）：127–134.

［52］刘升.从全面管控到依法治理：新中国成立70年来城市基层治理的演进——以城管部门为研究对象［J］.天津行政学院学报，2019，21（5）：79–86.

［53］刘蕾，邱鑫波.社会组织党建：嵌入式发展与组织力提升［J］.北京行政学院学报，2019（6）：31–38.

［54］王同昌.基层党组织组织力内涵与提升路径［J］.理论学刊，2019（6）：30–35.

［55］吴晓林.治权统合、服务下沉与选择性参与：改革开放四十年城市社区治理的"复合结构"［J］.中国行政管理，2019（7）：54–61.

［56］王浦劬，汤彬．当代中国治理的党政结构与功能机制分析［J］．中国社会科学，2019（9）：4-24.

［57］项久雨．新时代美好生活的样态变革及价值引领［J］．中国社会科学，2019（11）：4-24.

［58］李永胜．区域化党建的内涵特征、时代价值与路径方法［J］．国家治理，2019（18）：3-8.

［59］葛亮．从单位政治组织到社会政治组织——基于"两新"党建和群团改革的判断和预测［J］．学习与实践，2020（1）：91-99.

［60］马丽．党的领导与基层治理：嵌入机制及其发展［J］．当代世界与社会主义，2020（1）：163-170.

［61］谈小燕．以社区为本的参与式治理：制度主义视角下的城市基层治理创新［J］．新视野，2020（3）：80-87.

［62］韩强．论加强新时代流动党员队伍管理［J］．学习论坛，2020（3）：23-28.

［63］张振洋．破解科层制困境：党建引领城市基层社会治理研究——以上海市城市基层党建实践为例［J］．内蒙古社会科学，2020，41（3）：59-66.

［64］蒋来用，王阳．健全和完善党内监督体系的系统性、协调性和有效性［J］．重庆社会科学，2020（4）：28-38.

［65］刘帅顺，张汝立．嵌入式治理：社会组织参与社区治理的一个解释框架［J］．理论月刊，2020（5）：122-131.

［66］唐亚林．人心政治论［J］．理论与改革，2020（5）：115-129.

［67］章平，刘启超．如何通过内生惩罚解决异质性群体的集体行动困境？——博弈模型与案例分析［J］．财经研究，2020，46（5）：4-16.

［68］陈海燕．"立体社区"：整体性推进商务楼宇党建的模式创新——以上海市黄浦区为例［J］．党政论坛，2020（6）：

24-29.

［69］刘秀秀.技术向善何以可能：机制、路径与探索［J］.福建论坛（人文社会科学版），2020（8）：83-91.

［70］袁校卫.从嵌入到融合：新时代新型社会组织的党建路径探析［J］.河南社会科学，2020，28（9）：48-53.

［71］何哲.人工智能技术的社会风险与治理［J］.电子政务，2020（9）：2-14.

［72］求是编辑部.坚持和加强党的全面领导［J］.求是，2020（14）.

［73］王际娣.深圳园山街道——"区域化党建"引领基层治理［J］.小康，2020（20）：86-87.

报刊文章

［1］姚桓.深刻理解坚持和加强党的全面领导［N］.人民日报，2017-12-15（7）.

［2］何东轲，陈闯."街乡吹哨、部门报到"的"加减之道"［N］.北京日报，2019-1-28（14）.

［3］王瑜薇.全县推进省级社会矛盾纠纷调处化解中心建设［N］.余杭晨报，2020-5-13（1）.

［4］川组轩.聚焦聚力推进城乡基层治理［N］.中国组织人事报，2020-5-20（1）.

［5］李祥兴.讲好中国故事 提升国际话语权［N］.安徽日报，2020-8-18（6）.

硕博论文

［1］张美华.城市社区中的协商民主机制研究［D］.上海交通大学，2008.

［2］陈璐毗.城市社区公共服务：主体、行动与策略［D］.南京：南京大学，2013.

［3］李晔.上海市奉贤区区域化党建研究［D］.华东政法大学，2016.

［4］郑正卿.社区治理视野下城市社区公推直选研究［D］.华侨大学，2017.

［5］高超.社区党群服务中心资源整合研究［D］.江西师范大学，2017.

［6］黄程.基层党建统领的网格化治理创新研究［D］.中共浙江省委党校，2018.